勝つ！ボート競技
スカル・スウィープ
上達のコツ 50

メイツ出版

はじめに

　ボート競技は、ローイングまたは漕艇といい、前後に動くシートに座ってオールを使い、艇を進ませて競うレースだ。国際大会では2000メートルが主流で、発祥の地である欧米諸国では人気スポーツの1つとなっている。

　相手と速さを競うという点では、シンプルなルールであるが、自然条件や天候、クルーの体力や技術、艇の調整などにレース結果が左右されやすく、奥がとても深い競技といえる。

　そのボート競技のレースで勝つためには「究極のチームワーク」が必要とされる。オールを巧みにさばき、キャッチからフィニッシュ、フォワードなど、すべ

ボートの魅力

てのローイング動作でタイミングが合うよう、クルー全員が息をあわせることで艇に一体感が生まれ、限界までスピードアップすることが可能となる。

　ボートには大きく分けて、オールを一人一本持って漕ぐスウィープ種目と小さいオールを一人が二本持って漕ぐスカル種目がある。本書ではシングルスカルで基本動作を学んだうえで、その他のスカル種目、スウィープ種目に進み自分にあった競技種目・ポジションにスキルアップしていく手順を踏んでいる。初心者はもちろん、すでに競技に取り組んでいる選手が、本書を通じて「Rowing」の魅力を体感できるきっかけとなれば幸いである。

この本の使い方

この本ではボート競技で「クルー」として活躍するためのコツを50紹介しています。ボート競技に関する基礎知識やローイング動作、スカル種目やスウィープ種目の種目別のポイントについて写真を使って解説しています。後半では漕手としてスキルアップするためのトレーニング方法、レースで勝つための戦術なども紹介しているので、チームとして取り組めば着実にレベルアップできる内容になっています。

各ページには、テクニックを習得するためのコツとポイントが提示され、ボート競技で上達に必要な知識や技術が、ステップを踏みながら理解することができます。自分の得意なところや興味のある分野、あるいは苦手なテクニックなど注目したい項目は、注意深くチェックしてみましょう。

タイトル
このページでマスターするコツとテクニックの名前が一目でわかる。漕艇技術のマスターに必要なテクニック、考え方を理解しよう。

コツ01 スカルとスウィープの違い
スカル種目でローイングの基礎を

スカル種目
スウィープ種目

エイトは最大人数で最大速度が出る花形

ボート競技には、選手が片舷1本のオールを扱うスウィープ種目と、両舷1本、計2本のオールを扱うスカル種目に大別される。漕手のほかに艇の舵を操るコックス(舵手)が乗っているか、いないかによっても種目が分かれる。

大学生の場合、最大人数で最高スピードが出るエイトが花形種目となるが、高校生の場合は、主要スウィープの種目がないため、入り口としてはスカルが一般的。ローイングをシングルスカルし、その選手にあった種目にする流れとなる。

メイン・連続写真
コツやテクニックに関する詳しい知識や動作などを国内のトップ選手や南稜高校の選手がモデルとなり、解説写真・連続写真でレクチャーする。

ポイント

「コツ」の理解度をアップするための大きなポイントを提示。読み進めることでコツが身につく流れとなっている。

POINT 1
両手で二本のオールを持って漕ぐスカル種目

スカルは、選手1人が両手に一本ずつのオールを持って漕ぐ。漕手4人と舵手が乗る「舵手つきクォドルプル(4x+)」と「舵手なしクォドルプル(4x)」、漕手2人で漕ぐ「ダブルスカル(2x)」、1人で漕ぐ「シングルスカル(1x)」がある。

POINT 2
両手で一本のオールを持って漕ぐスウィープ種目

スウィープは、選手1人が両手で1本のオールを持って漕ぐ種目。漕手8人と舵手が乗る「エイト(8+)」、漕手4人が乗る「舵手つきフォア(4+)」、「舵手なしフォア(4-)」、漕手2人で艇を進める「舵手なしペア(2-)」等がある。

POINT 3
バランスをとりながらまっすぐ漕ぐ

他のクルーとの統一性が求められないシングルスカルは、基本的なローイングに専念してマスターできる種目。漕手にはバランスをとりながら、まっすぐ漕ぐ、技術が求められる。新入生や初心者はまずシングルスカルに取り組む。

プラスワン アドバイス
ペットボトルの浮力を利用

初心者の場合、リガー下に浮力のあるペットボトルを取りつけて安定感を増す。ペットボトルは2リットルを片方に2本ずつテープで固定。進行方向に細い口がくるようにつけると、水の抵抗が少なくなるので漕ぎやすい。スキルアップとともに数を減らす。

解説

タイトルと連動してクルーとしてレベルアップするためのセオリーや基礎知識を解説。じっくり読んで頭で理解しよう。

プラスワンアドバイス

クルーとしての考え方、注意点をアドバイス。選手としてレベルアップしよう！

CONTENTS

はじめに ……………………………………………………………… 2
この本の使い方 ……………………………………………………… 4

PART1　クルーとしてのレベルアップ

- コツ01　スカル種目でローイングの基礎を学ぶ …………………… 10
- コツ02　スキルや適性にあった艇に乗る …………………………… 12
- コツ03　自分の特徴と役割を理解する ……………………………… 14
- コツ04　艇を操舵しながらクルーをまとめる ……………………… 16
- コツ05　ペースやピッチをコントロールする ……………………… 17
- コツ06　パワーを生かして艇のスピードをあげる ………………… 18
- コツ07　パワーと巧みなキャッチで漕ぐ …………………………… 19
- コツ08　揺れに負けない巧みな技術で艇を進める ………………… 20
- コツ09　クルーのスキルアップをサポートする …………………… 21
- コツ10　クルーの一員として必要な要素を高める ………………… 22
- コツ11　練習を着実にこなし前進していく ………………………… 24
- コツ12　レース本番を想定して練習に取り組む …………………… 25
- コツ13　メインレースに合わせた生活リズムに変える …………… 26
- コツ14　メンタルリハーサルして就寝する ………………………… 27
- コツ15　ボートにつかまり救助を待つ ……………………………… 28

PART2　基本ローイングに磨きをかける

- コツ16　ローイングはセットからはじまりセットで終わる ……… 30
- コツ17　ハイポジションで力強い姿勢を保つ ……………………… 32
- コツ18　ブレードを水平にしてギャザーする ……………………… 34

コツ+α	左右のグリップでバランスを保つ	36
コツ19	正しい方法で安全を第一に意識する	38
コツ20	バランスに注意してオールを取り付ける	40
コツ+α	シングルスカルはサポートを受け乗艇する	42

PART3　スカル種目の特徴を理解してスキルアップする

コツ21	クルー全員が左右同じに動作する	44
コツ+α	リズムを意識しながらゆっくり漕ぐ	46
コツ22	レンジを大きくとり艇を加速させる	48
コツ23	整調とバウが協力しあいクルーとして動かす	49
コツ24	5人の役割を最大限に発揮する	50
コツ25	すばやいキャッチとフィニッシュをマスターする	52
コツ+α	ローイングスーツを着用して練習する	54

PART4　スウィープ種目の特徴を知ってレベルアップする

コツ26	一本オールでボート特有の連帯感を持つ	56
コツ+α	サスペンションでの腕の使い方をマスターする	58
コツ27	究極のペアを目指して息をあわせる	60
コツ28	漕手がラダーで艇をコントロールする	61
コツ29	コックスがクルーをリードし勝利に導く	62
コツ30	最多クルーで最速のスピードを出す	63
コツ+α	片側だけ漕いで方向を変える	64

PART5　ボート競技のトレーニング

コツ31	多角的なトレーニングで漕力をつける	66
コツ+α	バランスを維持して力をオールに伝える	68
コツ+α	ローイング動作に必要な柔軟性を高める	70

コツ32	足の動きをシンクロさせて前に進む	72
コツ+α	股関節を大きく動かし足をまわす	74
コツ33	肩甲骨まわりの筋肉を動かす	76
コツ34	足を開いてモモや股関節まわりを伸ばす	78
コツ35	股関節の筋肉を使いながら前進する	80
コツ+α	食事をトレーニングの一部と考える	82
コツ36	器具を使い効率よく筋力アップする	84
コツ37	筋力と持久力を同時にアップする	89
コツ38	静的ストレッチで疲労回復を促進する	92
コツ39	自分の適性を把握して漕力をアップする	95
コツ40	鉄棒で腕と背中を強化する	98

PART6　リギングとレース戦術

コツ41	時間に余裕を持って会場入りする	100
コツ42	漕ぎやすいボートにチューニングする	102
コツ+α	クラッチ周りから足回りの順に調整する	104
コツ43	ペースを考えたレース運びをする	110
コツ44	アップしながら技術・戦術の確認をする	112
コツ45	ブレード半分ほど深く入れて漕ぐ	113
コツ46	レンジを短くしてスピードをあげる	114
コツ47	リズムをこわさず的確な指示を出す	115
コツ48	爆発的なスパートで後半を制する	116
コツ49	アクシデントがあったら審判に申し出る	117
コツ50	クーリングダウン後に帰艇する	118
コツ+α	真水で洗い艇庫に戻す	119
ルール		120
コックスコマンド		122
ボート競技用語		124

PART 1

クルーとしてのレベルアップ

コツ01 スカルとスウィープの違い
スカル種目でローイングの基礎を学ぶ

スカル種目

スウィープ種目

エイトは最大人数で最大速度が出る花形種目

　ボート競技には、選手が片舷1本のオールを扱うスウィープ種目と、両舷1本、計2本のオールを扱うスカル種目に大別される。漕手のほかに艇の舵を操るコックス（舵手）が乗っているか、いないかによっても種目が分かれる。

　大学生の場合、最大人数で最高スピードが出るエイトが花形種目となっているが、高校生の場合は、主要大会にはスウィープの種目がないため、初心者の入り口としてはスカルが一般的。基本的なローイングをシングルスカルでマスターし、その選手にあった種目にチャレンジする流れとなる。

POINT 1

両手で二本の
オールを持って漕ぐスカル種目

　スカルは、選手1人が両手に一本ずつのオールを持って漕ぐ。漕手4人と舵手が乗る「舵手つきクォドルプル (4x+)」と「舵手なしクォドルプル (4x)、漕手2人の「ダブルスカル (2x)」、1人で漕ぐ「シングルスカル (1x)」がある。

POINT 2

両手で一本の
オールを持って漕ぐスウィープ種目

　スウィープは、選手1人が両手で1本のオールを持って漕ぐ種目。漕手8人と舵手が乗る「エイト (8+)」、漕手4人が乗る「舵手つきフォア (4+)」、「舵手なしフォア (4-)」、漕手2人で艇を進める「舵手なしペア (2-)」等がある。

POINT 3

バランスをとりながら
まっすぐ漕ぐ

　他のクルーとの統一性が求められないシングルスカルは、基本的なローイングに専念してマスターできる種目。漕手にはバランスをとりながら、まっすぐ漕ぐ、技術が求められる。新入生や初心者はまずシングルスカルに取り組む。

+1 アドバイス

ペットボトルの
浮力を利用

　初心者の場合、リガー下に浮力のあるペットボトルを取りつけて安定感を増す。ペットボトルは2リットルを片方に2本ずつテープで固定。進行方向に細い口がくるようにつけると、水の抵抗が少なくなるので漕ぎやすい。スキルアップとともに数を減らす。

PART1 クルーとしてのレベルアップ

コツ 02 クルーの人数構成
スキルや適性にあった艇に乗る

ボート競技は種目によってクルーの人数や構成が変わる。

1人から最大9人乗りまでの艇で競技に出場する

　シングルスカルで、ある程度の技術が身についたら、そのままダブルスカルやクォドルプルなど、複数でクルーを組んで、ともにスキルアップしていく。もちろん能力の高い漕手ならシングルスカルの選手としても活躍できる。またスカルでは花形種目となる舵手つきクォドルプ ルには、コックスの存在が欠かせない。

　一方のスウィープは、両手で1本のオールを持って漕ぐため、オールの出る向きが互い違いに一列に並ぶ。艇のバランスをとったり、ユニフォーミティーを維持することが難しい。

POINT 1
進行方向に後ろを向く

　2人乗りの艇は、スカル種目では「ダブルスカル」、スウィープ種目では「ペア」という。レースでは、息の合った2人のユニフォーミティーがポイント。進行方向に対して船尾から整調（またはストローク）、バウが後ろ向きに乗る。

POINT 2
コックスは最後方で進行方向に前を向き乗る

　4人乗りの艇は、スカル種目では「クォドルプル」、スウィープ種目では「フォア」という。舵手であるコックスがつくと5人乗りとなる。コックスは最後方で進行方向に前向きとなり、船尾からは整調、3番、2番、バウの順に乗る。

POINT 3
8人のクルーが力を合わせて漕ぐ

　最大のクルー人数で最速のスピードを出す「エイト」は、進行方向に対して最後尾にコックスが座るところは変わらない。そこから整調、7番、6番、5番、4番、3番、2番、バウの順番でクルーが後ろ向きに乗る。

+1 アドバイス
艇のリーダーとしてクルーに指示を出す

　コックスは、艇が最短距離で航行できるよう舵をとる。しかし舵を切ると水の抵抗を受けるため、なるべく舵を使わず、各クルーが左右バランスよく漕げるよう指示することがポイント。ピッチ（レート）、ペース配分を考えてクルーに指示を出す。

PART1 クルーとしてのレベルアップ

コツ 03 クルーのポジション
自分の特徴と役割を理解する

コックス
整調
進行方向

POINT 1

ストロークペアと
バウペアで役割が変わる

　整調と3番は「ストロークペア」といい、大きく漕ぐときの中心。整調が漕いだピッチやリズムを3番が後ろのペアに伝える役割がある。2番とバウは「バウペア」といい、ピッチを上げるときの中心。クルー全体の雰囲気を盛り上げる。

クルー全体のユニフォーミティーをあげる

進行方向に対して前を向いて乗るコックスは、レースの状況を把握して指示を出す司令塔。整調から3番、2番、バウにも選手としての特徴や役割があり、それを理解して漕ぐことがクルー全体のユニフォーミティーにつながる。

PART1 クルーとしてのレベルアップ

進行方向に対して、順番にバウ、2番、3番、整調が後ろ向きになり、コックスだけが前を向いて座る。

POINT 2

オールを持つ手でサイドを分ける

オール1本のスウィープ種目では、漕手がストロークサイドとバウサイドの二手に分かれてオールを漕ぐ。4人以上の漕手が乗る艇は、整調のオールと同じ側をストロークサイド、その反対側をバウサイドといい、区別する。

コツ 04 コックス
艇を操舵しながらクルーをまとめる

コックスは艇を操舵するとともに、常に漕手のコンディションにも気を配る必要がある。

漕手のコンディションを把握して練習メニューを決める

　コックスは操舵し、他の漕手の動きを見ながら艇全体をコントロールする。乗艇中はクルー全員の調子をチェックし、ときには声を出して励ましたり、漕手のオールの乱れを注意する。そのため漕艇技術に関しては、高い知識と経験が必要になる。

　艇を降りても艇の管理やリギングのアイテム管理など、クルーの一員としてやるべき仕事は多い。漕手の陸上でのトレーニングなどから、漕手のコンディションを把握して練習メニューを決め、コーチやクルーと話し合いながらレースを目指してクルーを仕上げていく。

コツ 05 整調（ストロークペア）
ペースやピッチをコントロールする

ストロークペアは、ペース配分やピッチをリードし、クルー全体を引っ張る。

正確なピッチでクルー全体をけん引する

整調はストロークともいい、ペース配分やピッチの上下をリードし、クルー全体のリズムの中心となる。レースの勝敗にも大きく関わる、クルーをけん引するリーダー的な役割といえる。

最も船尾に近いポジションであり、そこから漕手全員のストロークやオールの動きを感じて、クルー全体の漕ぎのピッチをコントロールする。ときには声を出してクルーを励ましたり、オールの乱れを注意するため、経験豊富で正確なピッチを刻める漕手が担う。整調と後ろの漕手をストロークペアと呼ぶ。

コツ 06 3番(ミドルペア・ミドルフォア)
パワーを生かして艇のスピードをあげる

ミドルペアはストロークのリズムを守りつつ、力強いローイングで艇のエンジンの役割を果たす。

整調の刻むピッチやリズムを守りながら漕ぐ

　ボートの中央に位置する3番2番は、艇のエンジンの役割を果たす。ストロークが刻むピッチやリズムを守りつつ、艇の中央で力強いローイングができる、パワーのある漕手が理想だ。

　エイトでは6番から5番、4番、3番までをまとめてミドルフォアという。

　エイトのミドルフォアは、クルーの中で最も体力がある漕手が乗る。

　特に6番は自分のパワーを最大限に発揮しつつ、ストロークペアの刻むリズムを後ろのクルーに正確に伝えることが求められ、艇のスピードアップには欠かせない存在となる。

コツ 07　2番（バウペア）
パワーと巧みなキャッチで漕ぐ

2番はバウとともに巧みなキャッチ技術で艇を加速させる役割を担う。

パワーを生かしつつ巧みなキャッチ技術で艇を加速する

　3番と同様に艇の中央にポジショニングし、艇のエンジンとしてパワーを発揮する役割を果たす。

　クルー全体が刻むピッチやリズムを守りつつ、艇の中央で力強いローイングができる体力のある漕手が担う。

　バウと2番をあわせてバウペアという。ミドルの3番とはやや役割が異なり、バウとともにトップ寄りに乗り込む。漕艇中は艇の上下動（ピッチング）の動揺を受けやすいポジションであり、キャッチで水を捉えることが難しいポジションであるため、優れた技術を持った漕手が求められる。

コツ 08 バウ（バウペア）
揺れに負けない巧みな技術で艇を進める

バウは全体を見渡し、他のクルーにアドバイスできるような経験の持ち主が最適。

レーススタート時はバウペアが方向を調整する

　バウは、ボートの進行方向から一番前に乗る選手。艇の揺れが最も大きいポジションなので、すばやく巧みなキャッチで正確に水をつかむ技術が必要だ。

　エイトでは2番とともに艇のバランスを安定させるバウペアとして役割を担う。整調と同じように、他の漕手の動きをチェックし、クルー全体の調子を見たり、声を出して励ましたり、漕手のオールの乱れを注意することもある。

　レーススタート時はバウペアが艇の方向を調整する。巧みな技術と全体を見渡せる視野の広い、漕暦の長い選手を乗せる傾向もある。

コツ 09 マネージャー
クルーのスキルアップをサポートする

マネージャーはクルーには含まれないが、レースに勝つためには欠かせない存在。

選手のコンディションを把握してトレーニングメニューを立案する

　マネージャーはクルーの一員ではないが、部やチームを運営する点では同じように大きな役割を果たす。特に練習面では、トレーニングメニューの作成まで携わる。選手のコンディションを把握しつつ、選手の適性や課題にあった練習内容をコーチや監督と相談の上、決めていく。

　実際の練習では、リギングの補助にはじまり、艇の運搬や漕艇のタイム計測などでクルーの練習をサポートする。

　また部を運営するための事務作業も欠かせない。試合へのエントリーや遠征の段取り、部を賄ううえでの部費の管理など多岐にわたる。

21

コツ 10 練習スタート
クルーの一員として必要な要素を高める

クルーを結成したら練習をスタート。自分たちの目標（レース）から逆算したトレーニング計画を立てる。

クルーの特徴を頭に入れて練習メニューを組む

　クルーを結成したら練習をスタートする。まずは「クルー」の一員として慣れていくことを優先し、個々に考えすぎたりチームワークを乱すような行動はしないこと。初期は軽めの練習メニューから入り、徐々に負荷をあげていく。
　トレーニングはおもに水上で行う技術・漕力向上の練習と、陸上で行う筋力トレーニングに大別される。コックスやマネージャーは、クルー全員の体格や体力、過去の漕歴を頭に入れて練習メニューを提供していくことがポイント。漕手のクセなど、わからない点は以前のクルーのコックスやコーチに確認すると良いだろう。

POINT 1

全力で漕がずに統一性を求める

　レースに向けての初期段階は、ライトワーク、ライトパドルが練習の中心になる。低いピッチでも、クルー全員が統一性を持って漕ぐことを優先する。うまくいかない点は、コックスと漕手、ときにはコーチを交えて改善していく。

POINT 2

ダイナミックストレッチでローイングで使う筋肉を温める

　乗艇前は入念なウォーミングアップで体を温めておく。股関節を中心としたダイナミックストレッチを行うことで、ケガを防止することはもちろん、可動域を広げてローイングで使う筋肉に刺激を入れることができる。

POINT 3

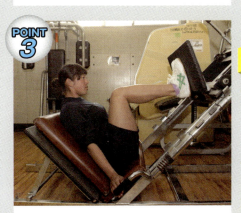

筋力をアップしてパフォーマンスを向上する

　ローイング動作で使う脚や体幹、腕の筋力アップも欠かせない。漕艇技術の練習ができないときは、積極的に筋力トレーニングを行う。体幹には自重系のエクササイズ、脚や腕にはフリーウエイトやマシントレーニングが有効だ。

+1 アドバイス

エルゴメーターを使って漕力をつける

　ローイングエルゴメーターは、ボート競技の動作を再現したマシン。室内でも本格的なトレーニングができ、漕力をアップすることができる。また漕力を測定することができるため、漕手のポジションの適性を把握することができる。

コツ 11 レース1か月前
練習を着実にこなし前進していく

トレーニング期は体を追い込んで、筋肉にも大きな負荷をかけた練習ができる。

要項を確認してレースにエントリーする

レース1か月前は練習が最もできる時期といえる。水上での漕艇技術の向上はもちろん、エルゴメーターや筋力トレーニングなどレースに向けてできることを着実にこなしていく。疲労がたまり、タイムに結びつかない日もあるが、結果は気にせず、トレーニングに打ち込むべきだ。

レースのエントリーは、約1か月前が締め切りとなることが多いので、マネージャーに依頼して出漕料の払い込みなどを行う。こうしたレースへの参加意思は、クルー全員が意識して要項等を確認し、申し込みを忘れないようにする。

コツ12 レース1週間前
レース本番を想定して練習に取り組む

レースが近づくにつれて、レースを想定した練習に重きを置き、クルー全体をスキルアップさせる。

あらゆる状況をイメージしてレースで実力を発揮する

レース1週間前になると、クルーは全体的に仕上がってくる。レースを想定した練習では、相手の出方や自分たちの戦術、レースコンディションを毎回イメージしながら行う。また、レースで使う可能性がある漕艇技術については、さらにレベルアップにつとめる。

スタートダッシュやショートレンジでの加速、ミドルスパートなどを練習しておき、実際にレースで使う場面でクルー全員が、慌てずに漕ぐことができるようにする。レースでは「練習以上のことはできない」と理解し、トレーニングに取り組む。

コツ 13 レース数日前
メインレースに合わせた生活リズムに変える

試合数日前は軽めのメニューにして、疲労をとり、パフォーマンスを向上させていく。

生活様式や起床時間を意識し練習量を減らしていく

　メインレースとは「決勝」を意味するが、予選レースが事実上の「決勝」となるような相手の場合は、これをメインレースと想定する。レース数日前からは、メインレースの時間に合わせた生活様式・生活リズムに変えていくことが大事。普段、洋式トイレやベッドなら遠征先の和式トイレや和室、畳にも慣れておく。

　メインレースが朝8時半に行われる場合、逆算すると5時に起床しなければならない。通常7時に起床するなら3日前に6時半、2日前に6時という具合に調整しつつ、練習についても少なめのメニュー量に減らしていく。

コツ 14 レース前日
メンタルリハーサルして就寝する

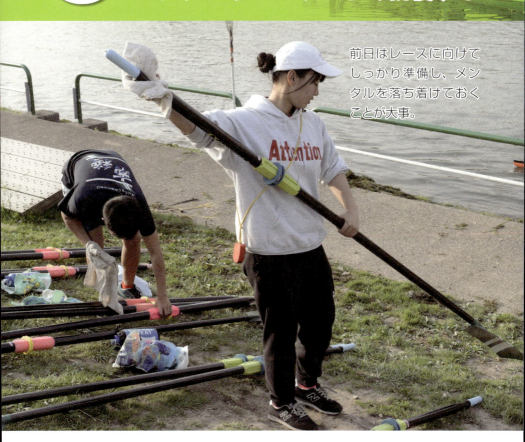

前日はレースに向けてしっかり準備し、メンタルを落ち着けておくことが大事。

適度な緊張感を許容しレースを楽しむゆとりを持つ

　レース前日は適度な緊張はありつつも、できるだけリラックスすることにつとめる。時間があれば、音楽を聴いたり、読書をしたりして、ボートから一旦、思考を切り離すのも良いだろう。

　試合前日のミーティングでは、明日のレース戦術を確認し、ローイングのメンタルリハーサルを各漕手のペースで5分以内におさめて行い、就寝に入る。

　食事についても前日だからといって、ゲンをかついだメニューにしたり、レース仕様の特別な食事にするのではなく、バランスのとれた消化の良いメニューにすることが大切だ。

コツ 15 艇の浸水・沈没
ボートにつかまり救助を待つ

練習では決められたコースを進み、安全に配慮する。

艇の浮力を活用して無駄な体力を使わない

　天候の急変などでボートが浸水した場合、ボートに浮力がある限りは艇から離れず、つかまって救助を待つことが鉄則。泳力に自信があったとしても、ボートが浸水するような荒れた水面で泳ぐことは危険だ。仮にボートが完全に浸水または沈没しても、ライフジャケットだけでなく、オールを外せば、その浮力によって浮き袋のかわりにすることもできる。

　冬場の低い水温では、体が水に浸かっているだけで、どんどん体温が低下し、体が動かなくなってしまう。艇に上半身を乗りあげて心臓を水上に出して、救助を待とう。

PART 2

基本ローイングに磨きをかける

コツ 16

ローイング動作の流れ
ローイングはセットからはじまりセットで終わる

ローイング動作の流れを理解して、正しいフォームを身につける。

ローイングフォームのサイクルを知る

　ボートは同じ動作を繰り返すスポーツ。正しいサイクルを理解して理想のローイング動作をマスターする。ローイングは「セット」にはじまり、「セット」に終わると言われるほど、骨盤からの前傾姿勢が大切だ。そこから前に出てブレードを水中に入れて「キャッチ」で水をつかむ。

　脚、上体、腕を順番に使って水中のブレードを加速させることを「ドライブ」といい、ここで生み出されたパワーを艇の推進力に変える。ドライブの最後は、これ以上体を倒せない状態の「フィニッシュ」になり、最初のセットに戻る。

セットで
骨盤を前傾させる

　腕を伸ばした状態で、上体を前傾させてストレッチャーに体重を乗せる。このとき背中を丸めるのではなく、骨盤から前傾させるのがポイント。その前傾姿勢を維持してギャザー（ヒザを曲げていく）していく。

キャッチはブレードで
遠くの水をつかむ

　グリップが体から一番遠い位置で、ブレードを水中に入れる。これをエントリーといい、その瞬間には脚のプレッシャーとオールを引く動作をスタートする。これをキャッチといい、ブレードで遠くの水をつかむイメージを持つ。

脚と上体、腕の力を
使って加速する

　ブレードが水中にあり、ボートを押している間はドライブ。最初に脚を伸ばし、上体のスウィングから、最後に腕を引きつけ加速する。脚が伸びきった状態以降も、足をストレッチャーに踏ん張って、最後まで脚の力をかけ続ける。

ドライブをフィニッシュしたら
最初のセットに戻る

　ドライブで腕を曲げ切り体も倒せない状態でフィニッシュ。ドロップダウンで水中からブレードを抜き、ハンズアウェイでブレード面が水面と平行になるように返し、脚を伸ばしたまま、腕を伸ばし、上体を前傾させてセットに戻る。

コツ **17**　姿勢・握り
ハイポジションで力強い姿勢を保つ

シートに座ったときの姿勢をチェックし、正しいローイング動作を身につける。

ハイポジションで背筋を丸めずコアを意識する

　シートに座ったときの姿勢でローイング動作のフォームが決まるといっても過言ではない。姿勢の良し悪しで脚力の出力や体幹の維持にも関わり、ブレードワークや艇の安定性にも影響がある。
　シートにはどっかりと座り込まず、常にストレッチャーに体重を乗せ、ボートを押しているようなイメージ。体幹のコアの筋肉をぐっとしめて、頭の位置を高くする意識を持つ。シートに腰を下ろしたら左右均等のバランスになっているか確認し、肩は自然に下ろしてリラックスし、上体の緊張をできるだけなくして骨盤に預けるイメージで座る。

POINT 1

フィニッシュの押し切りでは足の裏で上体を支える

　フィニッシュでは脚が伸び切っても、しっかり押し続ける。このときの姿勢は、シートに体重が落ちてしまうのではなく、足の裏で上体をしっかりと支えることがポイント。背筋が丸くならないよう力強い姿勢をキープする。

POINT 2

グリップの端を優しく包み込む

　スカル種目では、それぞれの手でハンドルを握る。親指はハンドルの先端のやや下に、人差し指でなるべく端を持つ。グリップの端を優しく指で包むように持つイメージ。親指で端をクラッチに押し付ける。

POINT 3

「ありがとう」の姿勢でボートを安定させる

　水上でボートが安定する姿勢は腕と脚を伸ばし、ブレードを水平にして水面につけておく「ありがとう」の姿勢。イージーオールとも言い、オールを水中から出して漕ぐ動作をやめるときは、グリップを左右つけて持ち、バランスを保つ。

+1 プラスワン アドバイス

ストレッチャーの位置が姿勢に影響する

　力強い姿勢を保つには、キャッチやフィニッシュで正しいグリップの位置になるように、ストレッチャーを前後に調整することが大事。リギング時にストレッチャーの角度やヒールの高さを自分にあったサイズに調整しておく。

コツ 18 ローイングサイクル①
ブレードを水平にしてギャザーする

1 セット — セットで体重を足の裏に移動

2 ギャザー — ギャザーでエントリーに向かう

3 エントリー — ブレードを水中に入れる

POINT 1 エントリー後のキャッチで力みすぎない

ドライブのはじまりがキャッチになる。ブレードで水をつかむキャッチでは、前傾姿勢が崩れたり、力みすぎて上体が開いてしまわないよう注意。ドライブ中盤までは前傾を変えず、ドライブ後半のボディスウィングで一気に上体を振る。

前傾姿勢をキープしてドライブ後半で上体を振る

ローイングサイクルは、セットでスタートしてフィニッシュで終わり、セットに戻るのが一連の流れ。セットでは体重を足の裏に集め、骨盤から前傾。エントリー前のギャザーでは、上体の角度は変えずグリップを肩から上にあげる。

PART2 基本ローイングに磨きをかける

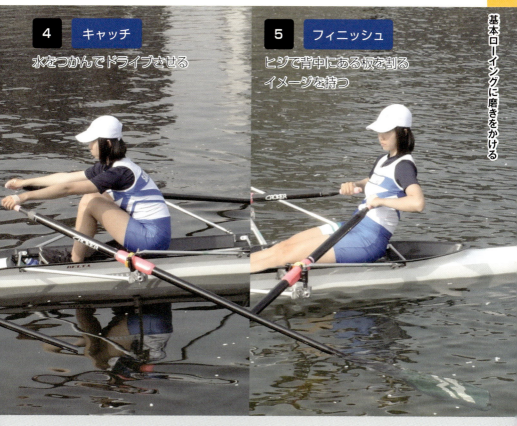

4 キャッチ
水をつかんでドライブさせる

5 フィニッシュ
ヒジで背中にある板を割るイメージを持つ

POINT 2

体を30度ぐらい倒して
スピードを維持する

ドライブの最後で腕を曲げ、上体を倒すフィニッシュが、ローイングサイクルの中で最もスピードの出る瞬間。このとき体を後ろに倒しすぎて体重がシートに落ちてしまうとスピードが落ちてしまう。30度ぐらいをイメージしよう。

コツ +α
ローイングサイクル②
左右のグリップでバランスを保つ

1 しっかりドロップダウンしてブレードを水中からリリースする

2 キャッチではしっかり前を向く。ヒザが開かない方が力をためやすい

POINT 1

クロスオーバーは左を上にしてコブシを重ねる

　左右のグリップがキャッチとフィニッシュで同じ高さでブレードを運ぶことがポイント。グリップを前後に動かしていく動作の中で左右のグリップが重なるクロスオーバー（オーバーラップ）では、左を上にしてコブシを重ねる。左右の手が離れてしまわないよう注意。

スカル種目は左右の動きを同じにする

　体の重心がボートの中心線上を前後するよう意識する。バランスが崩れて艇がローリングしたときは、傾いた方から体を逃がすのではなく、あがった側のハンドルを少し押さえることで、バランスを整えることができる。

PART2 基本ローイングに磨きをかける

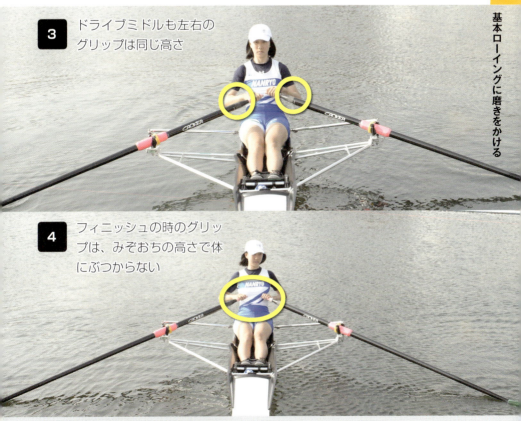

3 ドライブミドルも左右のグリップは同じ高さ

4 フィニッシュの時のグリップは、みぞおちの高さで体にぶつからない

POINT 2

初心者のシングルスカルはブレードを水面にすらせる

　初心者がシングルスカルに乗る場合、最初はバランスを維持するためにブレードを水面にすらせて艇を傾けないようにする。乗り込んでいくうちに、オールの支えがなくてもバランスがとれるようスキルアップしていくことが大切だ。

コツ 19 ボートの乗り方①
正しい方法で安全を第一に意識する

1 艇を持つ位置は、キャンバス（艇の上面）の中心くらい。ウマを置く位置マークがある艇もあるので、艇に無理な重さがかからないように確認して持つ。

2 「手かけて、持ち上げよういちにさん」と声をかけて同時に持ちあげる。

5 横に移動するときは平行に移動する。

6 桟橋では水面方向の肩に乗せ替える。

POINT 1

オールは事前に準備しておく

　艇を運ぶ前に自分のオールと水分補給用のボトル、タオルや帽子など乗艇に必要なものを用意しておく。これらのアイテムは、オールと一緒に桟橋の近くに用意しておくことで、艇の運搬から乗艇にすばやく移行できる。

正しいボートの持ち方や運び方を理解する

ボートを安全に水に浮かべるには、持ち方や運び方に細心の注意が必要だ。クルーが協力して声を掛け合い行う。艇のサイズが大きくなっても、関わる人数が増えるだけで、基本的な方法は変わらない。ここではダブルスカルで解説する。

PART2 基本ローイングに磨きをかける

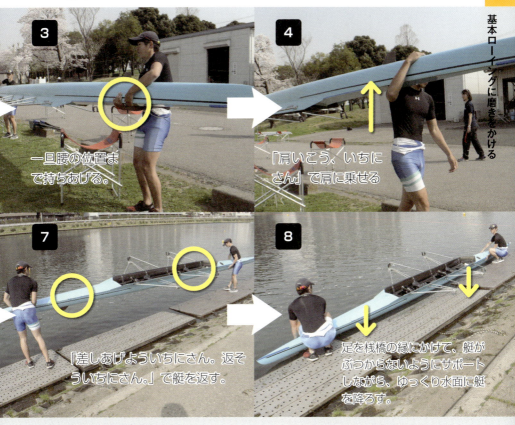

3 一旦腰の位置まで持ちあげる。

4 「肩いこう、いちにさん」で肩に乗せる

7 「差しあげようういちにさん。返そういちにさん。」で艇を返す。

8 足を桟橋の縁にかけて、艇がぶつからないようにサポートしながら、ゆっくり水面に艇を降ろす。

POINT 2

違うサイドを分担して安全を確認する

左右の安全を確認するために、肩に乗せる方向をクルーそれぞれが違うサイドで艇をかつぐことがポイント。そうすることで右方向・左方向の視界を分担することができ、死角をなくして安全を確保することができる。

39

コツ20 ボートの乗り方②
バランスに注意してオールを取り付ける

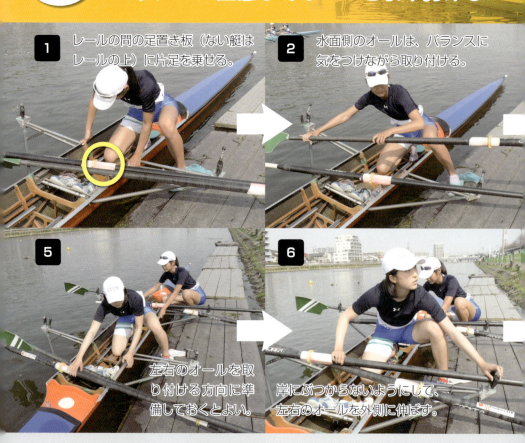

1 レールの間の足置き板（ない艇はレールの上）に片足を乗せる。

2 水面側のオールは、バランスに気をつけながら取り付ける。

5 左右のオールを取り付ける方向に準備しておくとよい。

6 岸にぶつからないようにして、左右のオールを外側に伸ばす。

POINT 1

艇を安定させてオールを取り付ける

オールを取り付けるときは、ペアが交互に行い、取り付けしていないクルーは艇を支えて水平に保つ。コックスももちろん、ラダーやフィン等が桟橋にぶつかったりしないよう注意する。

オールを取り付けボートに乗り込む

艇を安全に運ぶことができたら、水に浮かべたボートのバランスに気を付けながら、左右のオールを取り付ける。このとき取り付けを行わないクルーが艇を支える。交代で取り付けを行ったら、バランスを取りながら、艇に乗り込む。

3 ピンのネジを外し、オールを取り付ける。

4 桟橋側のオールも同様に取り付ける。ネジは閉め忘れないように。

7 左右のグリップを片手で持ち、もう片手はガンネル。「脚かけて、蹴ろういちにさん」で岸をゆっくり蹴り、離岸する。

8 シートに座り、ストレッチャー（靴）を履く。

POINT 2
バランスを保ちながらオールで岸を押す

　最初のうちは、シートに座りストレッチャーをつけ、オールで岸を押して離岸する。岸から離れるときは、バランスを保ちながら岸または桟橋をオールで押す。離岸してからのストレッチャーの調整等は、ほかの艇の邪魔にならないよう注意する。

コツ +α

ボートの乗り方③
シングルスカルはサポートを受け乗艇する

1
マネージャーに手伝ってもらうことが、安全にもつながる。

2
オールなどは桟橋の近くに準備しておくことで、時間の短縮になる。

3
岸にいるうちにクラッチのピンのネジはしっかり閉めておくと安心。

4
ストレッチャーのベルトは、沈没（転覆）してしまった時にすぐに外せるように、引っ張る紐がついている。靴も脱げやすいように、カカトと板をつなぐヒールロープがきちんと装着してあること。

必要なアイテムを持ち込み安心して練習する

　初心者のうちは、シングルスカルを一人で担いで出艇することは困難。マネージャーや同じシングル仲間と協力して運んで、押さえてもらう。水分補給用のドリンクや帽子、携帯電話（防水対策済）を艇に持ち込むと安心して練習できる。

※レースに携帯な電話どの無線機器を持ち込むことは禁止されている。

PART 3

スカル種目の特徴を理解してスキルアップする

コツ 21 スカルの特徴
クルー全員が左右同じに動作する

基本動作をマスターしたら自分にあうスカル種目でポジションを担う。

シングルスカルで基本を覚え上達したらクルーを組む

　左右のオールを同じように動かすこと。これは全種目共通で、シングルスカルはもちろんダブルスカル、クォドルプルでも同じ動きをすることが大切だ。セットからフィニッシュまでのローイング動作の各ポイントを理解して、個々のレベルアップに取り組もう。

　上達の手順としては、初心者はまずシングルスカルで姿勢やローイングなど基本的な動作をマスターし、トレーニングを通じて体で覚えていく。ある程度のスキルが身に付いたところで、自分に合った種目を見つけ、ダブルスカルやクォドルプルなどでのクルーを組む。

POINT 1

上半身をリラックスさせ バランスを下半身でとる

　足の裏に均等なプレッシャーをかけることで自然にバランスがとれる。ボートを「大きなやじろべぇ」のようなイメージで捉え、上半身はコアをぐっとしめながらもリラックスする。ハンドルや肩に無駄な力が入ると艇が傾いてしまう。

POINT 2

ギャザー後半で フェザーを返す

　水中からのリリース後は空気抵抗を減らすためにブレードを平行にしてフェザーする。エントリー直前にフェザーを返すと、フライアップ（ブレードが舞いあがる）してしまい遅れてしまうので注意。ギャザーの後半で返しはじめよう。

POINT 3

ブレードを水面に 対して垂直にするスクエア

　セットから前まで出るときは、途中でブレードを水面に対して垂直にする。このとき骨盤と脚をつなぐ股関節に重心を乗せることが大切。体幹の筋肉をしっかり使いながら、スクエアの状態で前に出て、限界地点でブレードを水中に入れる。

＋1 アドバイス

一糸乱れぬ オールさばきを目指す

　「一艇ありて一人なし」（いっていありていちにんなし）という言葉は、究極の団体精神を表現している。ボート競技においても重要なチームワークの考えであり、一糸乱れぬオールさばきである「ユニフォーミティ」を指している。

PART3　スカル種目の特徴を理解してスキルアップする

コツ +α シングルスカルのポイント
リズムを意識しながらゆっくり漕ぐ

ドライブ →

1

ドライブではオールが水をつかみ、艇が加速している。

POINT 1

ワルツのリズムで優雅に漕ぐ

　フォワードはバランスをとるのが難しく、急いでしまいがち。突っ込んでギャザーしてしまうとエントリーのタイミングがうまく準備できず、蹴り戻りの原因となる。フォワード＝2、ドライブ＝1くらいのゆったりとしたリズムを意識する。

シングルスカルで基本を磨く

スカル種目、スウィープ種目の両方で唯一の個人種目であるシングルスカルは、基本のローイングをマスターできる。積極的に練習に取り入れてみよう。特にリズムは重要でドライブとフォワードを1:2ぐらいのイメージで漕ぐと良いだろう。

PART3 スカル種目の特徴を理解してスキルアップする

フォワード

2

フォワードをやや長めにとることで、正しいフォームを確認する。

+1 アドバイス

キャッチはテコの原理の支点となる

エントリーしたら脚に力を入れオールを引きはじめキャッチに入る。このときテコの原理により、ブレードはキャッチした地点に固定されて支点となる。グリップの力点にかかる力がクラッチに作用して、艇が加速する仕組みだ。

コツ 22 シングルスカルのトレーニング
レンジを大きくとり艇を加速させる

シングルスカルで基本的なローイング動作をしっかりマスターする。

シングルスカルの個人トレーニングで漕力をアップする

　シングルスカルは自分の漕力を測るのに最適な種目。感じる水中の重さが、最も重い種目なので、自分の漕力で艇を運ぶ感覚を養うことができる。

　ブレードを水中にエントリーし、水をつかんだキャッチからドライブでオールが動く幅をレンジという。このレンジが大きければ大きいほど、艇の推進力が増す。ドライブの間に効率よく力をかけ続けることがポイント。

　上半身をできるだけ固定して、脚を伸ばす力で中間まで漕ぐ。そこから上体を開く力を使い、さらに腕を曲げる力を使ってフィニッシュに向かう。

コツ 23 ダブルスカル
整調とバウが協力しあいクルーとして艇を動かす

2人の息をあわせることで1プラス1以上の力を発揮することができる。

1＋1＝2以上のパワーに変える

　艇が大きくなると漕手の人数も艇とクルーを合わせた重量も増える。ダブルスカルはその第一段階で、シングルスカルに比べ、艇のスピードも速くなり、コンディションの影響も受けにくくなる。

　その分、スタートからトップスピードに乗るまでの時間やブレーキにも時間がかかるため、クルーの息の合った漕艇技術がポイントになる。基本的には、整調がリズムをコントロールし、バウが「パドルいこう、さあいこう！」などと声を出し、クルーとして艇を動かしていく。艇の方向転換やピッチの上げ下げなどは、バウが指示をする。

コツ24 舵手つきクォドルプル
5人の役割を最大限に発揮する

スカル種目では最大人数の舵手つきクォドルプル。クルーそれぞれの役割を確認する。

バランスのとれた艇で最大スピードを出す

　スカル種目で一番大きな艇であり、バランスも安定し、コックスがいることで漕手は自分の漕ぎに集中することができる。ダブルスカル以上に協力がポイントとなり、クルーが一体になったときに最大スピードを出すことが可能になる。
　そのためクルー全員の呼吸をあわせ、艇の司令塔であるコックスをはじめとするクルーが役割を発揮することが大切。
　艇にスピードが出る分、ブレードが水中にあるときは軽く感じるが、キャッチからフィニッシュまでの水際の処理がポイントになる。無駄なく、すばやく行う漕艇技術が漕手には求められる。

POINT 1
ピッチやタイムを計り
即座にフィードバックする

　コックスは「艇の司令塔」とも呼ばれ、舵をとるだけでなく、ピッチやタイムを計り、即座にフィードバックする。クルーの特徴を把握して漕ぎ方をアドバスしたり、練習メニューについて提案したりなど、コーチ役ともなるのがコックスだ。

POINT 2
整調がペース配分や
ピッチの上下をリードする

　クルー全体の方向性や練習メニューの取り組み方など、コックスとしっかりと意思疎通してそれを体現する。整調がペース配分やピッチの上下をリードし、クルー全体のリズムの中心となるリーダー的な役割といえる。

POINT 3
艇のエンジンとして
力強く漕ぐ

　ミドルペアは、ストロークが刻むピッチやリズムを守りつつも、艇の中央で力強いローイングができる、パワーのある漕手が担う。整調のリズムを受け継ぎ、艇が安定する中心部分で思いっきりドライブして艇のエンジンとなる。

POINT 4
ムードメーカーとなって
クルーの士気をあげる

　バウは「ここからあげるぞ！」「大きく強く！」などとクルー全体の士気があがる声がけをする。艇の揺れが最も大きいポジションなので、すばやく巧みなキャッチで正確に水をつかむ技術が必要。スタートではバウが艇の方向を調整する。

PART3　スカル種目の特徴を理解してスキルアップする

コツ 25 舵手つきクォドルプルのトレーニング
すばやいキャッチとフィニッシュをマスターする

艇のバランスをとりつつ、漕手の動作を一致させることがスピードアップのコツ。

POINT 1

整調が刻むリズムに4人でユニフォーミティをとる

　キャッチで力強く脚の蹴りを入れて、フィニッシュ段階まで、ブレードの深さは一定にする。クォドルプルの安定感とスピードを利用して、すばやいキャッチからフィニッシュを迎えつつも、4人のユニフォーミティがとれることが大事。

4人の息をあわせてすばやくキャッチ＆フィニッシュする

スカル種目の基本的な漕ぎ方は同じ。しかし艇のバランスが安定し、スピードが出るクォドルプルは、ブレードが水中にあるときは比較的に軽く感じるため、すばやいキャッチや巧みなフィニッシュをマスターするための練習が重要となる。

PART3

スカル種目の特徴を理解してスキルアップする

POINT 2

クルーのコンディションを見ながら艇の舵をとる

コックスには艇の「舵取り」という大事な役割がある。漕手の動作が揃っても艇がコースに沿って進むとは限らない。横風や波の影響、漕手のコンディションを見ながら、バウサイドやストロークサイドに強弱を指示して方向を維持する。

コツ +α 漕艇練習での携帯品
ローイングスーツを着用して練習する

休息はまわりの艇に気をつけて行う。水分補給も怠らない。

サングラスやキャップ、携帯電話などを持ち込む

　乗艇練習でボートに乗り込む際は、ライフジャケットを携帯し、ローイングスーツを着用して行う。日差しが強いときはサングラスや帽子も準備した方が良いだろう。必ず各選手が水やスポーツドリンクを持つことが大切。ボート競技は強度が高く激しいスポーツだ。こまめな水分補給でコンディションを維持しよう。

　携帯電話を携行すると、万一の際の連絡手段を確保できる。自分のボートが危険にさらされて救助を必要とする際はもちろん、練習中におぼれている人を発見した際の緊急連絡としても有効だ。防水タイプの端末を防水パックで保護する。

PART 4

スウィープ種目の特徴を知ってレベルアップする

コツ 26 スウィープの特徴①
一本オールでボート特有の連帯感を持つ

より高度な漕艇技術が必要になるスウィープ種目。リガーは左右が非対称となる。

一人ではまっすぐ進めないのがスウィープ種目の特徴

　クルーのなかで強いドライブを出せる選手がいても、左右の推進力に違いがあれば、ボートの進む方向は曲がって進んでしまう。ローイングでは漕力のバランスもポイントになる。自分が漕ぎやすいからといって、反対サイドに重心をかけようものなら、そのサイドが漕ぎづらくなってしまう。まさに「一艇ありて一人なし」のボートスピリットでローイングすることが大事。

　またリガーにおいてもスカル種目の艇が左右対称に対し、スイープ種目では左右非対称になる。クルーの編成や特徴、漕力を考えながらリガーを配列することが求められる。

POINT 1
二握り分あけて包み込むように持つ

オールは両手で肩幅の広さ、二握り分あけて持つ。グリップエンドには小指を引っ掛けること。がっちり握り込まないで、指で軽く包み込むように持つ。フォワード中はハンドルに手を置くくらいのイメージで指をリラックスさせる。

POINT 2
両足を均等にして上半身をやや傾ける

スカル種目と違って、左右非対称の動作が求められるスウィープ種目ではバランスが大事。基本は両足を均等に、体重をかけていくこと。上体はやや自分のオールがあるサイドに傾くぐらいのイメージ。決して反対サイドに逃げてはいけない。

POINT 3
両手の役割を理解して動かす

両手に持つオールの手は、自分のサイドを「インサイド」、反対サイドを「アウトサイド」という。ドライブではアウトサイドの手で引っ張っていき、フェザーターンやフォワードはインサイドの手をメインに使う動きとなる。

+1 アドバイス
右手と左手では動かす距離が違う

ローイング動作でオールは、弧を描くような軌道になるので、左右のグリップの動かす距離はそれぞれ異なる。特にアウトサイドはより遠くまでレンジ（漕ぎ幅）を伸ばす必要があるので、肩関節の柔軟性が求められる。

コツ +α

スウィープの特徴②
サスペンションでの腕の使い方をマスターする

POINT 1

**ドライブの前半はアウトサイド
後半はインサイドが働く**

　サスペンションで働く腕は、キャッチからドライブの前半は、ハンドルに対してアウトサイドの腕がより効率よくサスペンションして力を伝えることができる。ドライブの後半からフィニッシュにかけては、インサイドの腕にシフトしていく。

体の軸をボートの重心上に乗せる

スウィープ種目はスカル種目と違い、サスペンションで働く腕が徐々に変わるのが特徴。ハンドルの回転軸であるクラッチを中心に弧を描き、その弧の進んでいく方向により近い腕がサスペンションの主役になることを理解しよう。

PART4 スウィープ種目の特徴を知ってレベルアップする

サスペンションでの腕の使い方を理解して、効率よく力を伝える。

POINT 2

ボートの重心上に体の軸を置きレンジを大きくとる

エントリーではアウトサイドが体から遠い位置になるため、アウトサイド側の腕を大きく前方にリーチしながら体を捻る。このとき胴体がハンドルを追いかけてアウトリガーの方へ乗り出すのではなく、体の軸はボートの重心上にまっすぐ乗せる。

コツ 27 舵手なしペア
究極のペアを目指して息をあわせる

艇のバランスをとりつつ、お互いの呼吸をあわせてローイングする。

お互いを意識しながら息をあわせて漕ぐ

　片サイドに1人の漕手しかパワーを出力できない艇手なしペアでは、艇が蛇行しないようコントロールする必要がある。

　艇のバランスをとるときは、ハンドルを腹に抱えてトップスライドで停止し、水面にブレードを置く。コントロールするのは、ブレード1本のみなので、優しく同じ強さで水面を押さえて艇を水平にする。お互いの呼吸をしっかりとあわせることが大切だ。

　ペアには「舵手つきペア」という種目もあり、漕手2人にコックスを加えた3人のチームワークが求められる。

コツ 28 舵手なしフォア
漕手がラダーで艇をコントロールする

コックスがいないため、
漕手の1人が舵を切る。

世界では花形種目の舵手なしフォア

　舵手なしフォアでは、整調がクルー全員を引っ張り、バウはクルーを後ろから見て盛りあげる。コックスがいなので、漕手の4人のうち1人が、ストレッチャーに取り付けたラダーを操り、艇の進行方向をコントロールする。
　基本的には艇が曲がらないようクルーが意識することが大事で、ラダーは切らないことが理想。しかし舵を切らなければならないときは、ストレッチャーシューズの足で左右に動かし、ワイヤーを引いて舵を動かす。漕ぎながら的確な判断と操作が求められるため、担当クルーには高いスキルが求められる。

コツ 29 舵手つきフォア
コックスがクルーをリードし勝利に導く

コックスが船首側に乗っている
タイプの艇は「トップコックス」
という。
船首側に仰向けになって乗り、
前方の視界を確保する。

コックスの判断と指示が結果を大きく左右する

　国体では成年男子の花形種目である舵手つきフォア。コックスがレース展開を見ながらクルーをリードするため、コックスの腕が結果に大きな影響を及ぼす。

　艇は後ろ向きに進む仕組みとなっているので、漕手はレース中に相手の動きを見ることが難しい。そのためコックスが

レースの状況をクルーに伝えながら、勝負どころで指示を出し、盛りあげて艇をスピードアップさせる。

　コックスと漕手とのコミュニケーションや情報伝達がポイント。コックスから遠いポジションにいる漕手まで、しっかり声が通ることが大切だ。

コツ30 エイト
最多クルーで最速のスピードを出す

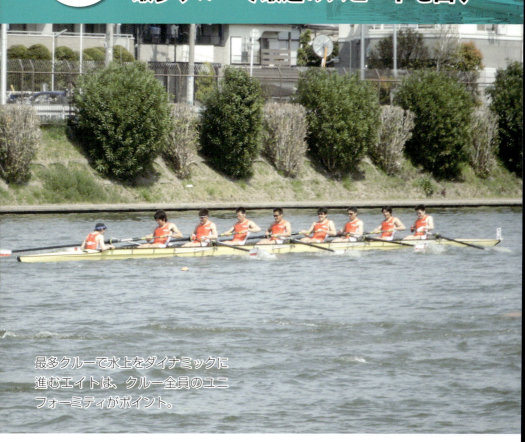

最多クルーで水上をダイナミックに進むエイトは、クルー全員のユニフォーミティがポイント。

クルーの息のあったユニフォーミティで進む

　大学、社会人チームの種目として行われるエイト。漕手8人とコックス1人の計9人のクルーとなり漕艇する。

　ボート競技では最大人数で艇のスピードが速く、それゆえにクルー全員に高い漕艇技術が求められる。

　コックスは他の種目よりも長い艇を操るので、的確な状況判断や高度なラダーワーク技術が必要だ。

　エイトでは、漕手の息のあったユニフォーミティが見どころのひとつ。クルーの息のあったローイング動作で、ダイナミックに水上を進む姿は、迫力があり、ボート競技の魅力がつまっている。

コツ +α ボートの回し方（スカル・スウィープ共通）
片側だけ漕いで方向を変える

シングルスカルでボートの回し方をおさらいしておこう。

ボートの進行方向を変えるには高い技術が必要

艇の進行方向の転換をスムーズに行なうことができれば、ボートを操るための基本的な技術が身についてきたといえる。シングルスカルの場合、片方のサイドだけを漕ぎ、漕がない方のサイドのハンドルを脚の付け根にピタリとつけて、腕だけを動かしボートを回す。

漕がない方のブレードを垂直にしてブレーキをかければ、より早く回ることができる。さらに早く、小さな弧を描いて回したいときには、片方のサイドのオールを漕ぐ動作と、もう片方のサイドのオールを押す方向に（普段引き付けるのと逆の方向）に漕ぐ動作を交互に行う。

PART 5

ボート競技のトレーニング

コツ 31 ボート競技のトレーニング
多角的なトレーニングで漕力をつける

オンシーズンの大半はボート場での乗艇練習でスキルアップを目指す。

有酸素的能力をアップして高いパフォーマンスを発揮する

　ボート競技のレースで高いパフォーマンスを発揮するには、有酸素的能力の高さがポイント。トレーニングにおいても、有酸素的能力のレベルアップを優先したメニューを組み立てていくことが大切だ。

　最も代表的なのが、乗艇練習。オンシーズンの大部分では、実際にコースに出て、艇を漕ぐことでローイング動作に必要な有酸素的能力や筋力をあげていく。

　練習メニューの作成においても、レートを調整しながら艇を漕ぐことで筋肉への負荷を大きくしたり、漕艇技術のスキルアップにも役立てることができる。並行して筋力トレーニングも行おう。

PART5 ボート競技のトレーニング

POINT 1
筋力トレーニングで
ピンポイントに働きかける

　筋力トレーニングは筋肉を大きくして、パワーを高めるためのトレーニングだ。重りなどの負荷を使ったフリーウェイトやマシントレーニングは、ローイング動作で稼動する筋肉群に、短時間でピンポイントに働きかけることができる。

POINT 2
自重系トレーニングを組み合わせ
持久力をアップする

　重りを使わないトレーニングを自重系トレーニングという。体幹の筋肉や体の深層部にあるインナーマッスルに働きかけることができる。数種類を組み合わせ、連続して行うサーキットトレーニングは、持久力アップにも効果がある。

POINT 3
ダイナミックストレッチで
動作の協調性を高める

　練習前はダイナミックストレッチで、筋肉を意識的に収縮したり、関節の曲げ伸ばし、回旋などを行う。ローイング動作と同じような動きを取り入れることで、柔軟性を向上させたり、動作する筋肉同士の協調性を高めることができる。

+1 アドバイス
静的ストレッチで
練習後に疲れを残さない

　練習後に行う静的ストレッチは、筋肉が伸びた状態をキープして行う、動きの少ないストレッチ。体内の血流を良くし、筋肉に残った疲労物質を排出する効果があるといわれている。疲労軽減やケガの防止にも役立てることができる。

コツ +α ボート競技に必要な筋肉
バランスを維持して力をオールに伝える

ローイング動作で使う筋肉を理解して、バランスよく鍛えよう。

体格や骨格にあった理想のボート体型をつくる

　人によって体のサイズや骨格は違い、筋肉の質やローイングのスタイルによっても変わってくるので、理想的なボート体型を表すことはできない。しかしレースでは、手にオールを持って力強く漕ぎ、シートをスライドさせて生み出す、下半身からの大きなパワーが必要になるため、全身を鍛えることが理想。

　特に股関節内にあるインナーマッスルをはじめ腹直筋、脊柱起立筋などの体幹の筋肉が重要になる。さらに広背筋や上腕二頭筋、上腕三頭筋、下半身の大殿筋や大腿四頭筋、ハムストリングス、下腿三頭筋なども鍛える必要がある。

POINT 1
体幹の筋肉を鍛えて漕艇中の体を安定させる

不安定な艇の上で安定したローイング動作をするためには、強い体幹の筋肉が必要になる。体幹がしっかり安定することでバランスを維持し、脚からあがってきたパワーを体幹、上肢、そしてオールへとロスなく伝えることができる。

POINT 2
腿の後ろ側を鍛えて大きなパワーを生み出す

ローイングで脚を動作するときは、股関節のインナーマッスルを意識しつつ、腿の後ろ側であるハムストリングスや大臀筋を使うことがポイント。腿の前の大腿四頭筋やヒザ下の後ろ側となる下腿三頭筋は全体のバランスに応じて鍛える。

POINT 3
肩甲骨まわりを鍛えてオールをスムーズに動かす

背中にある肩甲骨周りの筋肉で、ハンドルをコントロールし、力を伝達する役割を果たす大円筋は、肩甲骨と上腕骨上部をつなぎ、ローイングでキャッチ、ドライブ、フィニッシュに大きく関わる。面積の大きい広背筋も合わせて鍛える。

+1 アドバイス
持久力をアップして勝ち切れる体をつくる

レースでは筋肉の有酸素的能力が大きな役割を果たしている。筋肉の出力をあげる筋力トレーニングに加え、持久力をアップさせるための有酸素運動も取り入れていこう。ランニングやバイクマシン、エルゴメーターなどが効果的だ。

PART5 ボート競技のトレーニング

コツ +α 柔軟性をチェックする
ローイング動作に必要な柔軟性を高める

両手を後ろにまわし、両足を揃えてしゃがむ。このときカカトが浮かないのが理想的。

柔軟性の低い体はフォームを崩し、ケガにつながる

　ローイング動作はスムーズに骨盤を前に動かす必要があるため、骨盤まわりの筋肉の柔軟性が大切だ。またフォワードからキャッチにかけてはレンジを長くとるために、足首や肩甲骨まわりの筋肉にも柔らかさが求められる。
　体全体に柔軟性がないとフォームを崩すだけでなく、関節の障害やケガにつながってしまうので注意。まずは自分の体の柔軟性をチェックして、固い箇所やバランスの悪いところがないか確認する。柔軟性が低いパーツについては、ストレッチ等で改善し、体の表裏、左右のアンバランスを是正していこう。

しゃがんだときにカカトが浮くのは柔軟性が低い

　足の裏をしっかり床につけた状態から、ヒザが曲がるまでしゃがんだとき、カカトが浮いてしまうのは柔軟性に欠けている。カカトが浮かなければ柔軟性が高いといえる。日頃から下腿部のストレッチを行い柔軟性を向上させる。

肩関節の柔軟性をチェックし左右のバランスを是正する

　片方の手を上から、もう片方の手を下から背中にまわし、両手指の第二関節で組む。左のように組むことができれば、高い柔軟性がある。腕の上下を入れ替えても同じようにできることが理想。できない場合、左右が不均衡な状態にある。

股関節内のインナーマッスルの柔軟性をチェックする

　仰向けに寝て、両手で片足を抱え込む。このとき逆側の足のヒザが浮かなければ柔軟性が高いといえる。ヒザが浮いてしまう場合は、股関節内の腸腰筋が固い状態。ストレッチで改善しよう。チェックは左右の足でおこなう。

腿の裏側の筋肉の柔軟性を調べる

　仰向けに寝てパートナーに足を持ってもらい、ゆっくり足を頭の方へあげていく。足が床に対して90度になれば柔軟性が高い。そこまであがらない場合は、ハムストリングスのストレッチを導入して、柔軟性を改善していく。

コツ 32
ダイナミックストレッチ①
足の動きをシンクロさせて前に進む

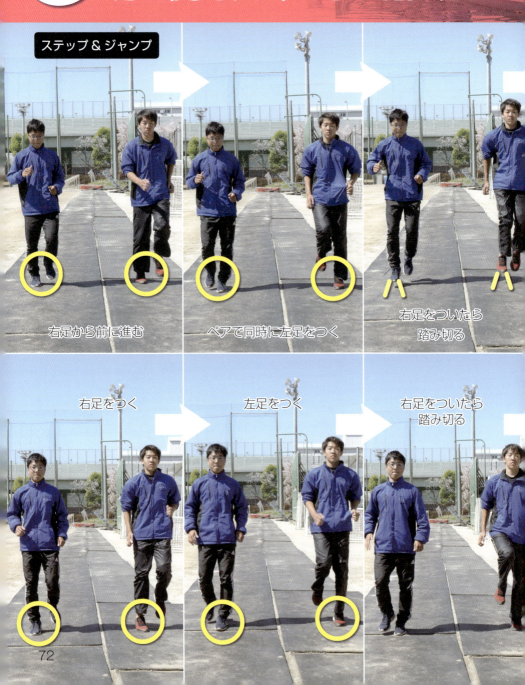

リズムをあわせて「1・2・ジャンプ」を繰り返す

　ダイナミックストレッチでは、ローイング動作に直結するような動きを取り入れつつ、体を温めていく。「1・2・ジャンプ」というステップで前に進む。このときペアで動きをあわせることで、ユニフォーミティーの感覚を養うことができる。

PART5

左足を高く引きあげる　　　右足から着地する　　　左足をつく

左足を高く引きあげる　　　着地したら左足をつく　　　同様の動きを左右の足を変えて行う

コツ +α ダイナミックストレッチ②
股関節を大きく動かし足をまわす

リズムや動く方向を変えて動作する

ステップの進行方向を横に変えて進む。足の動かし方が変わっても、ペアの動作をシンクロさせることが大事。前を向いて横方向に足を開き、足で円を描くようにしながら股関節を大きく動かし横に進む。

コツ33 ダイナミックストレッチ③
肩甲骨まわりの筋肉を動かす

上半身のストレッチ

両手のひらから前腕までを胸の前で合わせる

ヒジをアゴの高さまであげる

両手のひらと前腕を胸の前であわせる

両腕を胸の前で開く

手のひらを正面に向け両腕をあげる

そのまま両腕をさげる

両腕を上下開閉させて肩関節をスムーズに動かす

ローイング動作では、肩関節の伸展や肩甲骨の柔軟性が十分に発揮できていることがポイント。ペアで両腕を上下させたり、肩を回転させたりすることで、肩関節や肩甲骨まわりの筋肉を動かす。背筋を伸ばして、テンポよく動作する。

PART5

胸のあたりまで
両腕をさげる

再び両腕をあげる

背筋を維持しながら
両腕をさげる

両腕をあわせた
ままあげる

両腕を胸の前で
あわせる

ヒジをアゴの高さ
まであげる

両腕を開き、
手のひらを外側に
向ける

手のひらを
外側に向けたまま、
両腕をあげる

コツ 34 ダイナミックストレッチ④
足を開いてモモや股関節まわりを伸ばす

開脚＆屈伸① 両足を肩幅よりやや広めに開く

開脚＆屈伸② 腰を落としてヒザを曲げ逆側の足を伸ばす

片足のヒザを押して伸ばす

同様にして逆側のヒザを曲げて足を伸ばす

逆側のヒザを押して伸ばす

リズムよく交互に足を伸ばす

この動作を数回続ける

この動作を数回続ける

モモ裏や股関節まわりの筋肉の柔軟性を高める

骨盤がしっかりと前後傾する適正なポジションは、股関節や下肢の柔軟性が必要。開脚からの屈伸や四つん這いの姿勢からのダイナミックストレッチで、下半身の柔軟性を高める。腰を反らす動作も取り入れ、同時に背中の筋肉も伸ばす。

PART5

コツ 35 ダイナミックストレッチ⑤
股関節の筋肉を使いながら前進する

股関節まわし　モモが地面と平行になる程度に片足をあげる

脚の振りあげ　片足を斜め後ろに引く

あげた足を前に大きく踏むこむ

足を振りあげた勢いで逆足で進む

前に踏み出した足に重心を乗せて両手を開く

片足を振りおろす

反対側の足も同様に行う

同様の動作を繰り返す

足を大きく動かして体のバランスをとりながら進む

股関節を大きく回しながら前進する。両手でオールを持つイメージでバランスをとる。体がブレないよう体の軸をキープして動作する。次に進行方向を横に変え、両足を開きながら体を一回転させ、腰を落として股関節を開く。

コツ +α 食事
食事をトレーニングの一部と考える

1日3回の食事をしっかり摂ることで、ボート競技に必要な筋力や体力が備わってくる。

五大栄養素を意識してバランスよく食べる

　ボート競技のトレーニングは、水上での乗艇練習や筋力トレーニングだけでは大きな成果が得られない。栄養バランスのよい食事を1日3回しっかりと食べることで、コンディションを維持し、継続して質の高い練習に取り組むことができる。

　特にたんぱく質、脂質、炭水化物、ビタミン、ミネラルという五大栄養素の役割を意識した食事メニューを考えれば、競技力をアップさせることができる。スピードを求めるなら腱や関節を強くするミネラルを積極的に摂ったり、スタミナ不足なら炭水化物を上手に摂取してエネルギー源を体内に蓄えておくことも大事だ。

POINT 1

タンパク質を摂って
筋肉の持久力をあげる

　ローイング動作に必要な筋肉は、長時間にわたって力を発揮し続ける遅筋とよばれる。トレーニングやレースによって筋繊維は破壊されるが、たんぱく質を摂り、しっかり休息を取ることで以前の状態よりも強くなるように修復できる。

POINT 2

炭水化物を摂って
エネルギーを体内に蓄えておく

　炭水化物は人間が運動する際のエネルギー源となる栄養素で、体内で糖質に分解されたあと、筋肉内でグリコーゲンとして貯蔵される。米やうどん、パンなど主食となるものに多く含まれるので、朝昼晩、十分な量を摂るよう心がけよう。

POINT 3

ビタミンを摂って
コンディションを維持する

　ビタミンB１は体内に取り入れられた糖をエネルギーに変えるのに不可欠な栄養素。豚肉やうなぎ、豆腐などに多く含まれ、不足すると炭水化物をスムーズにエネルギーに変えることができなくなり、疲れの原因になることもある。

プラスワン +1 アドバイス

トレーニングの量に
あわせて食事を調整する

　トレーニング量が多い時期は、エネルギーの消費も激しくなり、求められるカロリー量も多くなる。逆に軽い練習をしている時期は、カロリーを控えめにする工夫も必要。同じ量を食べ続けると、ウェイトオーバーになってしまってしまう。

PART5 ボート競技のトレーニング

コツ 36 筋力トレーニング
器具を使い効率よく筋力アップする

フルスクワット
両足を肩幅よりやや広めに開き、バーベルを首の後ろで持つ。尻を後ろへ突き出すイメージで太モモが床と水平になるくらいにヒザを曲げて腰をおとす。深くしゃがんだ後は、バーベルをあげながら立つ。背筋を伸ばして行う。

負荷・回数の目安
負荷：自分の体重ーマイナス20kg
回数：10回3セット

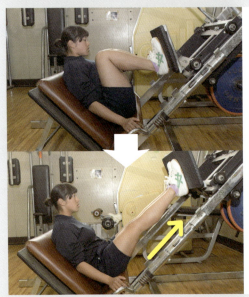

レッグプレス
両足を肩幅程度に開き、シートに背中をつけてバーを握る。ツマ先はプレートから出ない位置に置く。上半身を固定したままヒザを伸ばし、プレートを押しあげる。その後ヒザを曲げてプレートをさげる。この動作を繰り返す。

負荷・回数の目安
負荷：自分の体重
回数：10回3セット

マシンを使う負荷や回数は体力に応じて調整する

ボート競技で使う筋力は、乗艇練習で鍛えるのが一番だが、自分のウィークポイントの部位やさらに向上したい部分は、マシンなどを使うと効率よくアップできる。フリーウェイトは必ず補助をつけ、休憩1分以内でエクササイズする。

ベンチプレス

息を吐きながらバーをあげて、ゆっくり胸までおろす。一つ一つの動作を深く大きく意識する。おろす高さは、バーが胸に当たるくらいまで深くおろすのがポイント。

負荷・回数の目安
負荷：20RM
回数：20回3セット

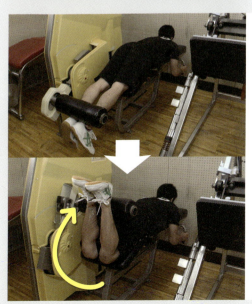

レッグカール

うつ伏せになり、パッドがふくらはぎの下部にあたるように調整。足を伸ばした状態から、パットがお尻にあたるようなイメージでヒザを曲げて足を動かす。足をあげるのは早く行い、おろすときはゆっくり行う。この動作を繰り返して行う。

負荷・回数の目安
負荷：20RM
回数：20回3セット

※ RMとは限界となる回数が行える範囲の負荷。20RMは20回が限度になる程度の負荷を表す。

パワーアブドミナル

仰向けの状態になり、両足をパッドにかけ、ウェイトを抱える。腹筋を意識して、おへそを見るようなイメージで息を吐きながら上体をおこす。息を吸いながら上体をさげていき、元のポジションに戻る。この動作を繰り返し行う。

負荷・回数の目安
負荷：5〜10kg
回数：50回3セット

バックエクステンション

うつ伏せになり、首の後ろから背中でウェイトを持つ。パッドに両足をかけて固定し、腰は90度を目安にする。ウェイトをしっかり握りながら、体が一直線の状態になるまで上体をおこす。この動作を繰り返し行う。

負荷・回数の目安
負荷：5〜10kg
回数：50回3セット

ベンチプル

ベンチにうつ伏せになり、パッドに両足をかけて固定する。ベンチのサイドからウェイトをしっかり握る。ヒジを曲げて背中の筋肉を意識しながらバーがベンチにあたるまで腕を引きあげる。この動作を繰り返し行う。

負荷・回数の目安
負荷：50RM
回数：50回2セット

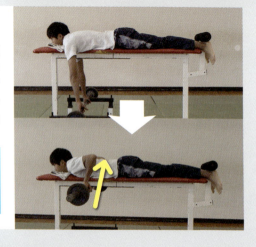

シーテッドロウ

足幅は肩幅程度にしてフットプレートに両足を置き、両手でグリップを握る。ヒザは軽く曲げて踏ん張りながら、両手を体の方へ引き寄せるようにグリップを引く。目線は正面を向けたまま行う。この動作を繰り返し行う。

負荷・回数の目安
負荷：100RM
回数：100回3セット

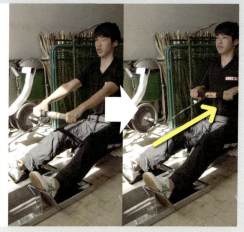

トライセプスエクステンション

両足を肩幅程度に開き、両手でバーを持ちヒジを伸ばして頭の上まで持ちあげる。ゆっくりヒジを曲げながら手首を曲げないようにして背面でバーをさげる。目線は正面を向けたまま行う。ヒジを支点にして曲げるのがポイント。

負荷・回数の目安
負荷：20RM
回数：20回3セット

バーベルカール

両足を肩幅程度に開き、壁に背中とお尻、ヒジをつけ、ヒザを軽く曲げる。体の幅に合わせてバーを持ち、太モモに置いたポジションからヒジをつけたままバーを鎖骨のあたりまで引きあげる。ヒジが動かないようにするのがポイント。

負荷・回数の目安
負荷：20RM
回数：20回3セット

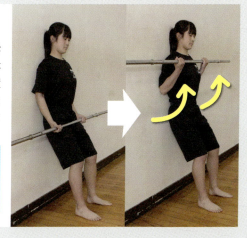

アップライトロー

　両足を肩幅程度に開き、バーの中心からコブシ一つ分の隙間をあけて両手で握る。ヒジを張ってバーを鎖骨まで引きあげる。バーをあげる高さが左右均等になるように同じ力を加え、目線は正面をキープ。この動作を繰り返し行う。

負荷・回数の目安
負荷：50RM
回数：50回2セット

バックプレス

　両足を肩幅程度に開き、バーの中心が首の後ろにくる位置でヒジを曲げて背中側で持つ。ヒジを伸ばしながら両手をあげ、頭の上までバーをあげる。あげるときは早く行い、おろすときはゆっくり行う。この動作を繰り返す。

負荷・回数の目安
負荷：20RM
回数：20回3セット

コツ37 アブドミナルサーキット
筋力と持久力を同時にアップする

1エクササイズを3セット行い次のエクササイズに移る

　サーキットトレーニングは、数種類の筋力トレーニングを休憩なしか短時間のレストを挟み連続して行う。全身を動かし、筋力と持久力の両方を鍛えることが競技力アップにつながる。アブドミナルサーキットは腹部を中心とした内容だ。

①クランチ

　仰向けになり床からやや離した頭の後ろで両手を組む。両足を揃えてヒザが90度程度に曲がるように足をあげる。両手をキープしたままお腹のあたりを見るように頭を持ちあげ背中を床から離し、その後元のポジションに戻る。足の高さは同じ位置を維持する。この動作を繰り返す。

負荷・回数の目安
回数：20回

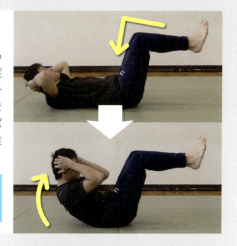

②ツイストクランチ

　クランチで背中を床から離した状態からスタートする。左ヒジと右ヒザをタッチさせたら、右ヒジと左ヒザをタッチ。左右のヒジとヒザがクロスし、体がねじれる状態になるが、両手は頭につけたまま体のバランスをキープして行う。この動作を繰り返す。

負荷・回数の目安
回数：20回

※①〜⑧の一連のトレーニングを続けて各3セット行うのが目安

③リバースクランチ

仰向けになり上半身は床につけ、両手はやや広げて床におく。両足は揃えて垂直にあげる。両足を揃えたまま、床から20cm程度のところまでまっすぐにおろし、数秒キープ。再度両足を垂直にあげる。この動作を繰り返す。

負荷・回数の目安
回数：20回

④レッグローテーション

仰向けで上半身は床につけておく。両足を揃えて床から離し、中央の高い位置から左側の低い位置へ斜めにおろす。両足は床につかないようにする。また中央に足をあげ右側の低い位置におろす。両足をあげるときは早く、おろすときはゆっくり行う。この動作を繰り返す。

負荷・回数の目安
回数：20回

⑤ヒップスラスト

仰向けになり上半身は床につけ、両手はやや広げて床におく。両足を揃えたまま床から垂直になるようにあげていく。両手で床をおさえながら、お尻から腰が床から離れるくらいに両足をまっすぐもちあげる。この動作を繰り返す。

負荷・回数の目安
回数：10回

⑥カウンター

　仰向けになり背中を床につけ、両手と両足はやや床から離す。両手を足方向にさげ、ヒザを体に引きつけながら上体をおこし、片手でツマ先をさわる。スタート時と同じポジションに戻り、反対側のヒザを引きつけて上体をおこす。この動作を繰り返す。

負荷・回数の目安
回数：20 回

⑦サイドベンド

　両手を頭の後ろで組み片側の体側を床につける。床につけていない方の足のヒザを曲げて足裏を床におく。脇を縮めるイメージで、ヒザを伸ばしている方の足と頭を床から持ちあげるようにおこす。反対側も同様に行い、この動作を繰り返す。

負荷・回数の目安
回数：20 回

⑧シットアップ

　仰向けになりヒザを曲げて足裏を床につける。両手はモモの上におく。お腹の筋肉を意識しながら上体を早くおこし、両手で両足の甲をタッチする。両足の裏は床につけたままの状態をキープして行う。この動作を繰り返す。

負荷・回数の目安
回数：20 回

※①〜⑧の一連のトレーニングを続けて各3セット行うのが目安

コツ 38 ペアで行うストレッチ
静的ストレッチで疲労回復を促進する

股関節のストレッチ①

仰向けで片足は伸ばし、反対側の足は曲げる。ペアは曲げた足のヒザと足裏を持つ。片足を持ったまま、ヒザを胸に近づけるイメージで体の中心線上に足を運ぶ。股関節があがる限界までストレッチし、数秒間キープ。反対側の足も同様に行う。

股関節のストレッチ②

仰向けでペアが片足のヒザと足裏を持ち、股間節を大きく回すようにヒザで円を描く。足を動かすときは、加えた力で体が横向きにならないよう、仰向けの体勢をキープ。筋肉をほぐしながら大きく押しつけるように行う。反対側の足も同様に。

腰のストレッチ

仰向けになり両手を肩の高さまで広げて床におく。片足のヒザを曲げて反対側に移動させ、床につける。ペアは寝ている人の肩とヒザを押さえ、腰を十分にストレッチさせる。上体が捻じれないように押さえることがポイント。数秒間キープし、反対側の足も同様に行う。

ストレッチをペアで行い効率よく体をほぐす

練習後には体をほぐすことができるクールダウン・静的ストレッチを行う。ペアで行うと強い力を加えることができ、練習で蓄積された疲労物質が効率よく排出される。筋肉を数秒間伸ばすことにより、心身のリラックスにもつながる。

腰と臀部のストレッチ

仰向けになり両手を肩の高さまで広げて床におく。片足は上半身へ引き寄せるようにヒザを曲げ、そのヒザの上に反対側の足の足首を掛けるようにおく。ペアはヒザと太モモつけ根あたりに手をおき、押しつけるようにストレッチする。反対側も同様に行う。

腸腰節のストレッチ

うつ伏せになり、片足はヒザを90度程度に曲げ、片手で支える。反対側の足は背中側に向かってヒザを曲げる。ペアは背中側へ曲げた足のヒザと足先を持ち、背中に向かって少しずつ力を加えストレッチする。反対側も同様に行う。

足首のストレッチ

カカトが浮かないようにしゃがむ。両手は前方に伸ばしておく。ペアは相手の背中に腰を掛けるようにして座り、体重をかけてストレッチする。力の加減を調整しながら、体重をかけていく。

上体のストレッチ

　両足を揃えて前に出して座り、両手はヒジを伸ばして肩の高さで真横にあげ、Tの字をつくる。ペアは背中側に立ち、両手を肩におく。座った状態から背筋を伸ばしたまま上半身を約90度以上回転させ、上体を捻ってストレッチする。真後ろを向くぐらい捻るのがポイント。反対側も同様に行う。

肩のストレッチ①

　両足を揃えて前に出して座り、両手はヒジを伸ばし、肩の高さで真後ろにあげ伸ばす。ペアは背中側に立ち、伸ばした両手の先を持つ。後ろに伸ばした手を無理のない程度にあげていき、肩関節に力を加える。

肩のストレッチ②

　両足を揃えて前に出して座り、両手はヒジを伸ばして真上にあげる。ペアは背中側に立ち、伸ばし手をしっかり握る。片足で背中を支えながら、力加減を調整して両手を引きあげる。真上に伸ばした両手は耳の後ろをキープすることで、肩や脇腹をストレッチできる。

コツ39 ローイングエルゴメーター
自分の適性を把握して漕力をアップする

トレーニング中は鏡でフォームをチェックしながら行う。

ローイングエルゴメーターを使って屋内で効率よく漕力を鍛える

　エルゴメーターでは実際の乗艇と同じ動作が再現できる。屋内で乗艇をシミュレーションした練習ができるので、水上でのオールさばきや乗艇バランス、他の選手の動きなどを気にすることなく、集中してトレーニングすることができる。
　ローイングエルゴメーターでは、ボート競技での種目選びやポジションの適性を知るうえで有効な「ファイブテスト」もチェックできる。ファイブテストでは、「筋パワー」、「有酸素的能力」、「有酸素パワー」、「無酸素的能力」、「有酸素的能力・持久力」という5項目を計測し、その数値結果で身体能力を判断する。

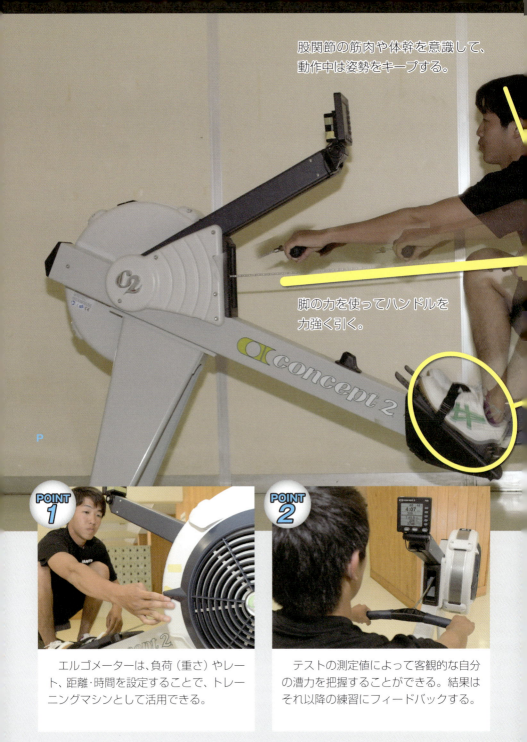

股関節の筋肉や体幹を意識して、動作中は姿勢をキープする。

脚の力を使ってハンドルを力強く引く。

POINT 1
エルゴメーターは、負荷（重さ）やレート、距離・時間を設定することで、トレーニングマシンとして活用できる。

POINT 2
テストの測定値によって客観的な自分の漕力を把握することができる。結果はそれ以降の練習にフィードバックする。

ヒジを曲げて肩甲骨を動かし、胸を開く

POINT 3
マシンを使用する前は、ストレッチャーを調整して、できるだけ実際の乗艇練習に近い形でトレーニングを行う。

POINT 4
トレーニングが終わったら、マシンの汗をタオルで拭いておく。動作に不具合がないようオイルでチェーンを磨くなど適度なメンテナンスも心がける。

コツ 40 チンニング
鉄棒で腕と背中を強化する

足が届かない高さの鉄棒につかまり、上半身の力で体を上に持ちあげる。

ボート競技で使う上体の力をアップする

鉄棒を使って手軽にできるトレーニングとしては、懸垂(チンニング)がある。手幅は肩幅よりコブシ一つ外側にして、小指に力を入れてバーを握る。このとき肩関節を外旋させるために腕を内側に捻ることがポイント。次に肩甲骨を下げ、脇を締めるように真っ直ぐ上にあがる。

+1 プラスワン アドバイス

肩甲骨の動きを理解し、正しいフォームで行うため最初は補助をつけても良い。

PART 6 リギングとレース戦術

コツ 41 レース当日
時間に余裕を持って会場入りする

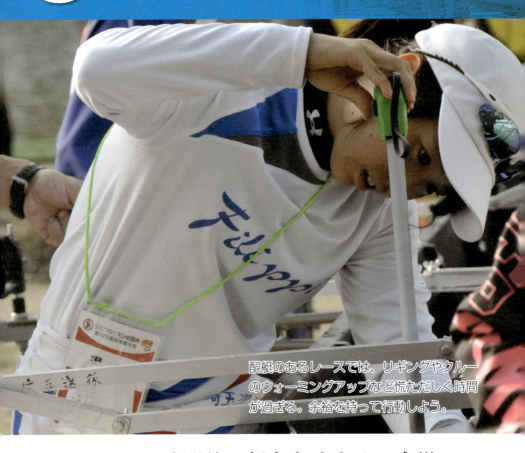

配艇のあるレースでは、リギングやクルーのウォーミングアップなど慌ただしく時間が過ぎる。余裕を持って行動しよう。

レース3〜4時間前に朝食を済ませて会場へ

　レース当日の起床は、朝食30分前にし、軽いストレッチ等で体のスイッチを入れておく。午前中にレースがある場合、3〜4時間前には朝食を済ませる。高たんぱく・高脂肪なものは控え、パン・卵料理・牛乳・サラダ・ヨーグルトの洋定食、和定食のようなバランスの良い朝食を意識する。またお腹が空いたときのゼリーなどの補食も用意する。

　会場への移動は、遠征の場合は団体で行動することを意識し、現地集合の場合は時間に余裕を持って行動する。早めに会場入りしたら、コースや波風の具合をチェックしレースの準備に入る。

POINT 1

コックス・マネージャーは早めにレース会場に入る

　試合当日のマネージャー、コックスは他のクルーよりも早くレース会場に入り、天候やコースの波風などコンディションをチェックし、クルーにアドバイスする。大会進行を確認しつつ、レースに出場するクルーたちの準備を手伝う。

POINT 2

ウォーミングアップはレースを大きく左右する

　アップからレースをシミュレーションしておく。低レートでの有酸素運動、徐々にピッチを上げていくビルドアップ、スタート練習、レースの大半を漕ぐコンスタントレート、ピッチを上げていくラストスパート、これらを順に組み立てる。

POINT 3

クルーが協力してリギング調整する

　リギングは艇のスピードを高めるための調整であり、艇のコンディションに大きく関わる。配艇の場合はレース当日の限られた時間内に行わなければならず、クルーが協力して自分たちの体格やスキルにあうよう調整していく。

+1 アドバイス

レース当日のコンディションに注意する

　レースに向けて、ハードな練習を徐々に減らしていき、疲労を取っていくピーキング。レース当日はピーキングしているのでレートやパフォーマンスは上がりがちになる。練習時よりも体が切れて動きすぎてしまうこともあるので注意する。

コツ 42 リギング
漕ぎやすいボートにチューニングする

クルーで統一した基準を決めることで、艇が変わっても、常に同じ感覚で漕艇できる。

リギングの原理を理解して艇を調整する

　脚の長さ、足首の硬さなど選手によって体格や筋肉の柔軟性が違う。自分がしっかりと漕げるチューニングをすることで、パフォーマンスは格段に変わる。事前に自分の数値やリギングによって変わるポイントを把握しておくこと。
　漕いでいて「上手く漕げないな…」と感じたときはリギングで調整すれば改善されることもある。国体やインターハイなど、高校生の大会ではスタート90分前に同規格の艇を一斉に分配される「配艇」があり、各自でリギング（調整）してスタートに向かう。リギングの原理を理解し、手際よく行うことも大切だ。

PART6 リギングとレース戦術

POINT 1

艇をできるだけ
平らにして作業する

　リギングでは左右のバランスを確認したり、角度を測ることもあるので、艇はなるべく平らな状態で「うま」に置く。100円ショップ等で売られている物干し棒のような「つっかえ棒」で、艇が左右に振れるのを防止すると良い。

POINT 2

クルーで統一した
基準を決める

　リギングで大切なことは、測る基準を自分やクルー全員で統一すること。人や艇によって測る基準が変わってしまうと、正しい数値で調整できない。毎回、同じ基準で計測することで、どのような艇に乗っても同じ感覚で漕艇できる。

POINT 3

リギングの段取りを
確認して作業に入る

　リギング作業は大きく分けて、クラッチ周り（グリップの高さやオールの角度）の調整と足回り（ストレッチャーの角度や位置）の調整がある。まずはクラッチ周りから作業をはじめ、最後に足回りの調整に入る流れだ。

+1 プラスワン アドバイス

リギングの成果が
艇の推進力に直結する

　リギングで正しいポジションがとれると、自分の出力が艇の推進力に直結する。リギングが不適当だと、せっかく自分たちが一生懸命に漕いでも、無駄が生まれたり、クルーの統一感がなくなってしまうので注意しよう。

リギングの手順
クラッチ周りから足回りの順に調整する

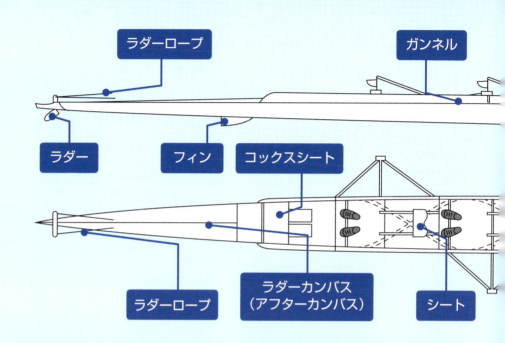

- ラダーロープ
- ガンネル
- ラダー
- フィン
- コックスシート
- ラダーカンバス（アフターカンバス）
- ラダーロープ
- シート

1 まずは適当なL板の穴の位置でボルトナットを仮止めする。

2 クラッチの下部の中心を測るようにハイト棒をあてる。

3 シートの一番低いところからクラッチ下部までの高さを測る。

※（ワークハイト）L尺を使ってシート〜ガンネル、ガンネル〜クラッチを合計しても同じ。

艇のパーツ名称を確認して作業に入る

まずは艇の各パーツの名称をチェックしてから作業に入る。自分が座るシート（ポジション）は自分でリギングするのが大切。ワークハイト→スパン→カバー角→靴角度→ヒールデプス→ピントゥーヒールの順番で調整するとスムーズだ。

PART6

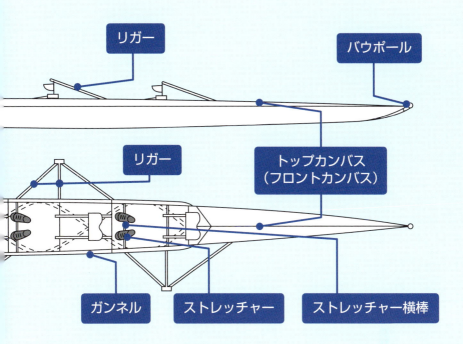

4 L板の穴は左右同じが望ましい。微調整はプラスティックワッシャーを上下に移動させる。

5 L板とリガーの間に傾斜板を挟むことによって、ピンを外傾させることもできるが、最近はL板で外傾をとれるものが多い。

6 ナットで固定するときは表裏に注意し、ワッシャー→スプリングワッシャー→ナットの順番でしっかり締める。

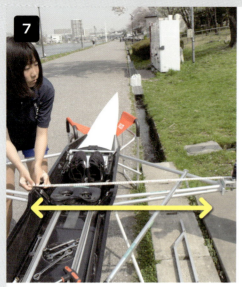

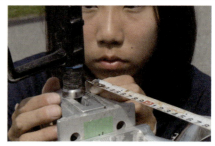

ピンの真ん中までを測る。

2人で協力してメジャーを押さえてあげると効率的。

スパンはオールのインボードの長さとなるので、左右が必ず同じ長さにならなければならない。艇の幅を二分した長さを計算して、左右のピンの位置を広げたり狭めたりする。

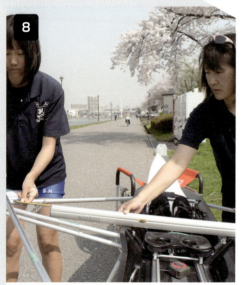

マジックやボールペンで移動したい位置に印をつけてしまっても良い。

一気に計測してペンでマーキングすることで、迅速に調整できるので遠征時にはオススメ。

スパンを計測する便利なツールもある。ガンネルの幅を計測して艇の中心からの長さを一気に測ることができる。

9

このピンは片方が固定されており、一方のナットだけで調整できる。

ピンの移動には19番や21番の大きなナットを緩めて調整する。しっかりと締めておかないと、漕いでいるうちにすぐに緩んでしまい、とても危険なので要注意。

上下ともに普通のナットでとめるタイプでは、2本のスパナで同時に締める。

10

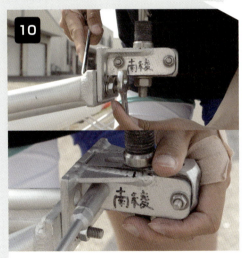

前後傾はガンネルやストレッチャーのガイドレール（ギザギザの部分）で水平をとる。レールは傾斜があるので基準としないこと。

ピンの前後傾はブレードの深さに大きく影響するので大切。L板をとめるボルトナットをゆるめて穴のあそびで調整する。0度（水平）にしブッシュで調整するのが一般的。外傾も0度か1度に調整する。ピンが内傾しているととても漕ぎづらいのでしっかり確認する。

ピンに角度計をクリップで取り付け、ピンの角度を調整する。

PART6 リギングとレース戦術

11

まずはバックステイの長さを調整するために、マイナスでホースクランプ部分をゆるめ、回して伸び縮みさせる。

長さを決めたら、全体を仮止めし、それから10番→マイナス→13番の順にしめていく。

バックステイを取り付ける。順番はリガーの付け根の10番→ホースクランプのマイナス→ピンの上部の13番の順。逆ではピンを艇の内側に引っ張ってしまうことになるので注意。

12

角度はストレッチャー板の裏側で調整するものが多い。

ヒールデプスは靴の高さ。カカトからシートまでの長さを計算する。「ガンネルからヒール」から「ガンネルからシート」を引くと算出される。

靴の角度と高さは足首の硬さによって調整するが、硬いからといって寝かせすぎたり、深すぎたりすると、足で蹴る力が進行方向ではなく、上に逃げてしまう。

13

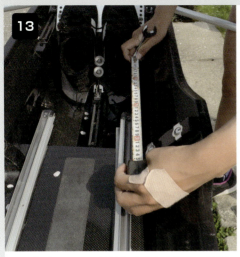

カカトをぴったりとストレッチャー板につけて垂直にスパナ等をあてて測る。

水上でも手で絞めたり、緩めたり調整できるようになっている。

ピントゥーヒールはピンからカカトまでの長さ。足の長さによって変わるので、自分の正しいポジションがとれる数値を探しておく。

PART6 リギングとレース戦術

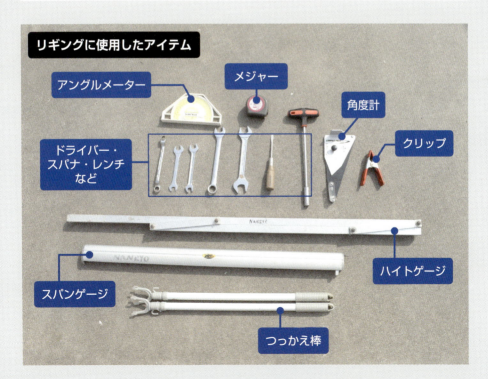

リギングに使用したアイテム
- アングルメーター
- メジャー
- 角度計
- ドライバー・スパナ・レンチ など
- クリップ
- ハイトゲージ
- スパンゲージ
- つっかえ棒

コツ43 レース戦略とは
ペースを考えたレース運びをする

レースを4つに分けて考えることで、それぞれのポイントを理解できる。

レース戦略を立てて試合にのぞむ

ボート競技は、先行したクルー選手のみが対戦相手のクルーを見ながらレースすることができる。スタートで先行することで優位に立つことができるが、スタートダッシュでの先行を急ぐあまりペースを上げすぎると後半にペースを保てなくなってしまう。

レースの大部分は「コンスタント」で漕ぐ。理想的なペース配分は、スピードの上下がないイーブンペースでレースを漕ぎ通すことだと言われている。スタートで先行を許してしまったときは、漕手のモチベーションも考慮しつつ、レース中にペースをあげていく必要がある。

PART6 リギングとレース戦術

レースを4つに分けて考える

1000mのレースでも2000mのレースでも、4つの局面（QUARTER）に分けて考えると良い。1stQ、2ndQ、3rdQ、LASTQとレースの流れを分けてイメージしていく。クルー全員が同じレースイメージを持つことが大切だ。

2つの視点を持ってレースを展開する

レース展開は2つある。スタートからゴールまで、クルーの長所や短所を考慮してレースイメージを描くクローズドのレース展開と、「並んだら足蹴り10本！」のような他クルーの情勢に合わせて変化させるオープンのレース展開がある。

勝負どころでクルーが一丸となる

クルーの人数が多い艇は、レースの局面での判断で統一がとりにくく、クルー一丸となっての勝負をかけることが難しい。自分たちの力量を考えて、どこで勝負をかけるか、あらかじめクルー全員で決めておくシンプルな戦略も大切だ。

+1 アドバイス

攻める気持ちを持って2000mを漕ぎ通す

理想のレースは、スタートから攻め続け、中盤、ラストも気を抜かずスピードをキープしながら、勝負どころではもう一段あげて相手を振り切る展開だ。常に攻めの気持ちを忘れず、相手と駆け引きしながら2000mを漕ぎ通すこと。

コツ44 出艇
アップしながら技術・戦術の確認をする

スタート地点につく前に、ウォーミングアップを終えておくことが大事。

4分前にはスタートの準備を完了する

　通常のレースは、スタートの30分前から40分前に水上に出る。スタート地点に漕いで行くまでの間、クルーはウォーミングアップを行ないながら、漕艇技術と戦術の確認をすることが大切だ。自分の出場するひとつ前のレースがスタートするころには、スタート地点付近に到達しているように準備する。

　ひとつ前のレースが通過したら、線審の指示に従って、自分たちがレースで漕ぐレーンに入る。スタート時間の4分前程度にはスタート地点にゆっくりとバックロウしながら、スタートの準備を完了させた状態で待つ。

コツ45 スタート
ブレード半分ほど深く入れて漕ぐ

ブレードをやや深く入れて漕ぐことで「空げり」を防ぐ。

アテンション・ゴーの号令で艇をスタートさせる

ボート競技のレーススタートは、静止状態から行われる。静止状態のボートをできるだけ早くレーススピードにまで加速することが勝敗の分かれ目となる。

静止しているボートを動かすには大きな力が必要。止まっている艇はバランスも悪いので、通常よりも少し深い位置までブレードを入れて漕ぎはじめる。支点となるべきブレードで、水中を空げりしてしまうようなミスに注意し、通常のブレード1枚よりもブレード半分ほど深く水に入れ、およそ5本漕ぐまではこの深さをキープして漕ぐ。

コツ 46 スタートダッシュ
レンジを短くしてスピードをあげる

スタートダッシュでは、レンジを短くして艇のスピードを加速させる。

最初の5本はレンジを短くしてスタートダッシュ

　複数のクルーメンバーが乗り込む、重量のあるボートでは、静止スタート最初の数ストロークではボートは加速できない。特に最初の3本はレンジをやや短くして、刻むように漕ぎ、少しでも早くボートがトップスピードに達するように工夫する。レンジを短くする時は、上半身の動きは通常のローイングと変えず、シートスライドの長さのみを調節する。

　通常レンジのシートスライドの長さを100とすれば「70→50→50→80→90」の割合で5本漕ぎ、6本目から通常のレンジで漕ぎ続けるのがスタートダッシュである。

コツ 47 コックスの指示
リズムをこわさず的確な指示を出す

ステアリングには、片サイドのオールを強く漕いで方向を調整する「サイド強調」とラダーを操作してボートを旋回させる「ラダーステアリング」がある。

できるだけステアリングを使わずにレースを漕ぎ通す

コックスがレースで漕手となるクルーに指示を出すときは「コックスコマンド※P122参照」というボートを操縦するために発する命令を使う。進行方向の調整やペースの変更、漕手が意識すべきポイントを指摘するときなど、多くの局面で用いる。できるだけストロークのリズムをこわさないよう的確に行うこと。

また、ステアリングによる進行方向の調整もコックスの重要な仕事。直線で行われるレースでのラダーの操作はスピードダウンにつながるので、ラダーを使わずにボートを直進させるために漕手とコックスの連携が大切だ。

コツ 48 ミドルスパート・ラストスパート
爆発的なスパートで後半を制する

レース後半の頑張りが勝負のカギ。レートの強度をあげ、最後の力を振り絞る。

用意した戦略でレースに勝ち切る

　レースを4つに分けると最も実力差が出るのが第3クォーターで、ここが勝負のポイント。先に出られていたらレートをあげて追いつき、抜かしたい。先を走っていたら、もっと水をあけたいところ。レース半分でミドルスパートを入れるクルーが多いので、前後にずらしてみる戦術も効果的だ。

　オリンピックではラストに大逆転劇が起きるくらい、ラストスパートはボートレースで最も大切な部分。疲れていても、レートと強度をあげていき、スパートをかけられるように気持ちを高めたり、意識を自分のクルーの漕ぎに集中させる。

コツ 49 アクシデント
アクシデントがあったら審判に申し出る

アクシデントがあった場合のルールを確認し、万が一に備えておく。

白旗があがったらレースは成立する

　レース中は自分たちのレーンを進み、他のレーンを侵害したり、他の艇を妨害したりしてはならない。国体やインターハイなど規格艇の配艇でのレースの場合、スタートから100m以内でラダーロープが切れたり、レールが曲がったりなどの艇故障が発生した場合、クルーは手を挙げて審判艇に申し出る。主審が艇故障と認めた場合、再レースとなる。

　自艇参加のレースではこのルールは適用されないので注意が必要。他の艇が自分のレーンに侵入し妨害されたときは、主審が白旗を上げる前に手を挙げて申し出ること。

コツ50 ボートの片付け①
クーリングダウン後に帰艇する

水上クーリングダウンを行ってから桟橋に帰る。

クーリングダウンを終えたら桟橋に戻る

　メニューにある漕艇練習を終えたらゆっくり漕ぎ、水上クーリングダウンに入る。そうすることで、ローイング動作で酷使した筋肉をほぐし、疲労回復を早めることができる。

　10分程度のクーリングダウンを終えたら桟橋に戻る。桟橋からボートをあげるときは、クルー同士が声を掛け合い、安全確認しながら行うこと。

　帰艇してボートを艇庫に入れた後は、整理体操やストレッチなどで体をほぐして練習を終えることが大事。雨などで体が冷え切ってしまったら、すぐ着替えて体を温める。

※レースによっては水上のクーリングダウンを禁止している場合がある。代表者会議で確認する。

コツ +α ボートの片付け②
真水で洗い艇庫に戻す

ジョウロなどに真水を入れ、艇にかけて汚れを落とす。

タオルで汚れを拭きながら艇の状態をチェックする

　帰艇したら桟橋からボートをあげて、片付けに入る。漕艇後のボートは、できるだけ毎回、真水で洗い流すようにすることが大切だ。自然の水は塩分や汚れ、化学物質などを含んでおり、そのまま放置しておくとボートの性能を落とす原因になるので注意しよう。

　水で洗った後は、タオルなどで汚れと水分を拭き取りながら、クルー全員で艇の故障個所がないかチェックする。ひと通り確認が済んだら、クルーが協力してボートを艇庫に戻す。オールやライフジャケットなどの装備は所定の位置に戻しておく。

ルール　RULES

航行ルール
　ボート同士、またボートと障害物との衝突が起きないよう、コースごとに航行ルールが設定されている。ボートを水上に出す前に確認する。練習時のルールとレース時のルールは別になっているのでルールが切り替わる時間にも注意。

安全装備の確認
　レースに出場するクルーは、安全装備を正しく搭載していなければならない。ボートにバウボールがついていること、ストレッチャーシューズのヒールロープが正しく装着されていることなどに注意する。

安全な航行
　練習で速いボートに追いつかれそうになったら、安全なレーンに早目に避けるのがルール。しかし、混雑していたり、衝突しそうになったりする前に「〇〇（艇の種類）すみません！」と大きな声をかけて止まってもらう。

レースは水上で行われる競技であるため、選手の安全を守ることはもちろん、レースの公正を保つためのルールがある。漕艇中にコックスが指示する「コックスコマンド」やボート競技の用語とあわせて確認しておこう。

レーンを守る

レース中は、フェアプレイ精神にのっとり、決められたレーンを漕ぐ。決められたレーン以外に進入することは、他のクルーの妨げとなり公正を欠くだけでなく、非常に危険な行為。他クルーのレーンに進入し、それがレースの着順に影響を及ぼした場合、故意であるか否かにかかわらず「レーン侵害」として失格になる場合があるので注意しよう。

フェアプレイスピリット

フェアプレイスピリットは、守らなければ失格などが課されるルールではない。しかし、究極のフェアプレイスポーツであるボート競技の選手として、誇りを持って日々の練習とレースに臨む姿勢を忘れないようにする。競争相手への敬意と、競技を支えるサポートスタッフへの敬意を持つことは、フェアプレイスピリットの基本。競技を支えるサポートスタッフへの感謝の証として、また競争相手への敬意の表れとして、どのような状況においても全力を尽くしてレースをする。このような姿勢は、日々の練習でも、常に向上心を持って取り組むことから生まれる。

安全上の注意

ボート競技はちょっとした不注意が事故につながる。出艇前の点検、出艇中の注意点をチェックして安全な競技を心がける。

出艇前の点検
・リガーが緩んでいないか
・クラッチは緩んでいないか
・オールのピボットは緩んでいないか
・シートの調子はどうか
・ストレッチャー周りは緩んでいないか

出艇中の注意点
・艇の上では立たない
・オールを離さない
・休憩時もバランスをとる
・ガンネルに手をかけない
・まわりの艇に気をつける

コックスコマンド COMMAND

停止からのスタート

　レースでのスタート号令は、「アテンション、ゴー」という。アテンションの声がかかったら、漕手はすぐに漕げるようにエントリーの姿勢をとる。コックスは準備が整ったのを確認し、「ゴー」以降のコール（指示）の準備をする。練習時の動き出しは「両弦ノーワーク用意。用意ロー」で漕ぎはじめる。

動いている状態からのペース変更「〇〇いこう、さあいこう」

　ボートが動き出したあと、ペースを上げたり下げたりするときは、コックスの号令で3本のストロークを使ってペースを変える。ここでは、ストロークレートを30に変えたいときを例にして下記に示す。
1本目でコックスは「レート30でいこう」
2本目で「さあいこう」
3本目のドライブから、漕手はストロークレート30のペースに変えて漕ぐ。コックスが号令をかけている2本のストロークのあいだは、ペースを変えず、3本目のペースの変化に備える。

イージーオール

　漕ぎやめるときには、コックスは「イージーオール」の声をかける。ボートはそのまま惰性で動くので、スピードがゆるむまでは、漕手は腕を伸ばして上体を前傾させたリカバリー途中の姿勢で、ブレードを空中に上げたままにする。イージーオールについても、コックスが突然号令しても漕手が対応しきれない場合があるので、準備のために、あらかじめ声をかけるようにする。
　1本目で「ラスト」、2本目で「イージーオール」、2本目のドライブが終わってリリースしたら、漕手はリカバリー途中の姿勢で止まる。

ありがとう（イージー）

　イージーオールのあと、ボートのスピードがゆるんだら、ブレードを水上に置く。これを「ありがとう」という。安全姿勢の「ありがとう」と同じ。同じ動作を「イージー」ということもある。

ブレーキ（艇止め）

　イージーオール、あるいは、ありがとう、の状態でも、ボートは惰性で動き続ける。衝突の危険があるときは、コックスは迷わず「艇止め」の声をかける。漕手は、すぐにブレードをスクエアの状態で水に突き立てて、ボートに抵抗を与えて停止できるようにする。ボートの方向を変えるために、どちらかのサイドのみにブレーキを行なう場合もある。

ノーワーク

　とくに力をかけずに漕ぐことを「ノーワーク」という。ウォーミングアップ、ハードな練習の合間の休息時、船台などの目標地点にゆっくり近づくときにノーワークは用いられる。

フルプレッシャー

　ハードな練習時やレースの際には、とくに指定がない限り、漕手は全力で漕ぐ。漕手が出した力はオールの作用点であるスリーブからクラッチへの圧力となり、ボートに推進力を与える。この圧力をプレッシャーといい、全力で漕ぐことをフルプレッシャーという。通常は、常にフルプレッシャーなので、コックスはペースを上げ下げするときは、ストロークレートを指定する。もし、安全の目的や、他の技術的な目的があってプレッシャーを調節したい場合は、ハーフプレッシャー、プレッシャー80％、などの指示をする。「脚げりいこう」とレース時のコールでは、さらに強くプレッシャーを要求することもある。

123

ボート競技用語 TERMS

アウトサイドハンド
　スウィープ艇でオール支点のクラッチよりも遠い方の手。
泡
　ブレードを抜き上げたあとに残る渦。渦は水の上で巻き続けるので、次のストロークまでにボートがどれだけ進んだのかの指標となる。
イージー
　オール先端水かき部分のブレードを水面に落として休息に入ること。
イージー・オール
　漕ぎをやめてフェザー状態で停止すること。または漕ぎを止めるときのかけ声。「イージーオール」のかけ声で漕ぎを停止し、オールを空中で停止。その後「イージー」のかけ声でブレードを水面に落とす。
インサイドハンド
　アウトサイドハンドの逆の手。
エントリー　P34
ガンネル　P104、105
ギャザー　P34
クロスオーバー　P36
　スカル種目でストローク中に両サイドのオールが重なること。
コックスシート　P104、105
コンスタント
　レースでの基本的な速度。その速度にするために漕ぐこと。
サスペンション
　体重を使ってボートを推進させるテクニック。

シート　P104、105
順風
　風が進行方向と一致している状態。
順流
　水流が進行方向と一致している状態。
スクエア　P45
ステイクボード
　ボートホルダーが乗る浮き桟橋やアンカーでつながれたボートなどの呼び名。
ストレッチャー　P104、105
ストレッチャー横棒　P104、105
ストロークサイド
　スカル種目の場合、漕手の右側をストロークサイドと言う。スウィープ種目の場合、ストロークのオール側をストロークサイド（ストサイ）と言う。
ストロークレート
　漕ぐペースを1分間に何本漕ぐかの数字で表す単位。Strokes/Minute またはs/mで表わされる。
静水
　水の流れや波がない状態。
セット　P34
センターピン
　クラッチをつけるピンのこと。
トップカンバス（フロントカンバス）　P104、105
トップコックス
　コックスが船首側に乗っている艇。コックスは船首側に仰向けになって乗り、前方の視界を確保する。
ドライブ　P46、47

バウサイド
　スカル種目の場合、漕手の左側をバウサイドと言う。スウィープ種目の場合、バウのオール側をバウサイド（バウサイ）と言う。

バウボール　P104、105

パドル
　レースと同様な強さで漕ぐこと。

腹切り
　フィニッシュ時に水からオールを抜き損ねてしまい、ハンドルが腹にくい込んでしまうこと。艇の減速を招きブレーキとなってしまう。

ハンズアウェイ
　フィニッシュをした後、ハンドルを体から遠ざけ、ヒザの前まで戻す動作。

ピッチ
　ストロークレートと同じ。レートとも言う。

ピッチング
　ボートの前後が、あたかもシーソーのように上下に揺れることをピッチングという。ボートを減速させる要因になり、技術向上によって減らすことができる。

フェザー　P45

ボートホルダー
　レースのスタート前に、各艇のテールをつかんで固定する役目のスタッフ。

水があく
　先行する艇の艇尾と追漕する艇の艇首との間が、一艇身以上の差がつくこと。

ライトパドル
　軽めに漕ぐこと。パドルとノーワークの中間的な漕ぎ方。

ラダー　P104、105
ラダーカンバス　P104、105
ラダーロープ　P104、105

力漕
　全力で一生懸命に漕ぐこと。

リリース　P36

レート
　ピッチのこと。ストロークレート。

ロー・アウトの精神
　ロー・アウトとは、ローイング運動で疲労困憊になり、動けなくなるまで漕ぎ続けること。ボート競技にかかわる人たちは、選手だけではなく、どのような立場にあっても全力を尽くすことを誓う言葉。この言葉に代表される、フェアプレイスピリットがボート競技の根幹。

ローリング
　ボートが左右に揺れること。

撮影協力　埼玉県立南稜高校（ボート部）

埼玉県の戸田市にある男女共学の県立高校。1992年戸田ボートコースで行われたインターハイで女子シングルスカル優勝、2015年のインターハイでは女子舵手付きクォドルプルが優勝、2016年全国選抜でも優勝の実績がある。

監修　公益社団法人 日本ボート協会
https://www.jara.or.jp/

執筆協力　松尾亜里紗
前・南稜高校ボート部監督。県立浦和第一女子高校でボート競技を始め、早稲田大学漕艇部ではインカレ優勝、卒業後は県立大宮高校、県立八潮高校でのボート指導を経て南稜高校で6年間監督を務めた。

写真協力
宅島正二、谷康史（日本ボート協会）

勝つ！ボート競技　スカル・スウィープ 上達のコツ50

2018年　7月20日　第1版・第1刷発行

監　修	公益社団法人日本ボート協会（こうえきしゃだんほうじん　にほんぼーときょうかい）
発行者	メイツ出版株式会社
	代表　三渡　治
	〒102-0093 東京都千代田区平河町一丁目1-8
	TEL：03-5276-3050（編集・営業）
	03-5276-3052（注文専用）
	FAX：03-5276-3105
印　刷	三松堂株式会社

●本書の一部、あるいは全部を無断でコピーすることは、法律で認められた場合を除き、著作権の侵害となりますので禁止します。
●定価はカバーに表示してあります。
Ⓒ日本ボート協会，ギグ，2018.ISBN978-4-7804-2034-0 C2075 Printed in Japan.

ご意見・ご感想はホームページから承っております。
メイツ出版ホームページアドレス http://www.mates-publishing.co.jp/

編集長：折居かおる　企画担当：堀明研斗